让别人无法拒绝你

気くばり交渉術

[日]藤田尚弓◎著
沈涵◎译

北京师范大学出版集团
BEIJING NORMAL UNIVERSITY PUBLISHING GROUP
北京师范大学出版社

图书在版编目(CIP)数据

让别人无法拒绝你／（日）藤田尚弓著，沈涵译．—北京：北京师范大学出版社，2014.8
ISBN 978-7-303-17001-2

Ⅰ．①让… Ⅱ．①藤…②沈… Ⅲ．①谈判学－通俗读物 Ⅳ．①C912.3-49

中国版本图书馆 CIP 数据核字（2013）第 201108 号

营 销 中 心 电 话 010-58805072 58807651
京师心悦读新浪微博 http://weibo.com/bjsfpub

RANG BIEREN WUFA JUJUE NI
出版发行：北京师范大学出版社 www.bnup.com
北京新街口外大街 19 号
邮政编码：100875
印　　刷：北京京师印务有限公司
经　　销：全国新华书店
开　　本：148 mm × 210 mm
印　　张：6
字　　数：113 千字
版　　次：2014 年 8 月第 1 版
印　　次：2014 年 8 月第 1 次印刷
定　　价：28.00 元

策划编辑：谢雯萍　　责任编辑：刘　畅
美术编辑：袁　麟　　装帧设计：红杉林文化
责任校对：李　菡　　责任印制：陈　涛
营销编辑：张雅哲　　zhangyz@bnupg.com

序言

沟通从为对方考虑开始

你喜欢以下哪一种类型的人呢？

A 虽然已经做出很大让步，却不知为何得不到感谢的人。

B 虽然老奸巨猾、坚持自我，但却不知为何不被讨厌的人。

接着考虑另一题。

A 在别人请求时不懂拒绝，无法完成自己任务的人。

B 不知不觉地借助别人的力量，取得了超过自己能力范围的成就的人。

大多数人会选择 B 吧。为什么呢？因为 B 不仅仅是取得了成果，而且也讨好了他人。

为什么会有吃亏的 A 类型的人，以及不知不觉中获益的 B

类型的人？你是不是认为这样的差别并不完全是天生的呢？如果有这样想法的话，那就有一个好消息要告诉你。其实，两者的差异在于“沟通能力”，懂得沟通方法的人必然会受益。

听到“沟通”这个词，也许会有人觉得是“厚脸皮”或“怎样才能只使自己受益”。但是，要是运用了沟通技巧的话，就会很容易找到说“No”也不吃亏的圆满的解决方案，同时会以同样的结果更好地满足对方的期待。好的沟通不仅仅是避免自己受损的技巧，而且也是考虑到对方的技巧。

或许很多人认为沟通很难。但是，在日常生活中我们一直不自觉地重复着沟通。“想让别人做某些事情”的行为，虽然在程度上有差异，但却是名副其实的沟通。

请大家回想一下童年吧。

事例 1

小孩：“妈妈，要是下次考试我考好了，您就给我买玩具吧。”

妈妈：“嗯，要是所有科目都进步了的话就给你买。”

事例 2

小孩：“妈妈，我可以去××家里玩儿吗？”

妈妈：“做完作业的话可以。”

事例 3

妹妹：“姐姐的点心多，姐姐耍赖，妈妈，姐姐耍赖！”

姐姐："知道了，再给你一点，别吵了。"

事例1是为了要求买玩具的沟通，而且附加了"成绩进步"这一条件。条件很宽松，因此可能达成目的，这也是利用对方期待的很不错的战术。而妈妈采取了全部科目都进步的迎战方法。

事例2的沟通是针对现在想出去玩儿的这一要求，虽然没有直接说出"不能出去玩儿"，但是却间接地拒绝了。委婉的拒绝是职场上比较常见的方式。

事例3是使用威胁的技巧进行的比较尖锐的沟通，处于权力下风的妹妹使用了"告诉妈妈"这一威胁手段，很顺利地使姐姐做出了让步。

你可能认为和沟通没有交集的自己，其实在小时候有过很多次的沟通经历。

在这些情境中，容易听天由命的人往往是"不知为什么总是吃亏的人"，不轻易听天由命的人反而是"不吃亏、总受益的人"。要是现在的你处于容易吃亏的境地，也不要担心，沟通本来就是以准备和战术为基础的。即使是"容易听天由命的人"，要是掌握了技巧并作了准备的话，也不难得到好结果。

"想推动别人做些什么"的过程中，存在能取得更好结果的法则。想必你也想知道通过这些法则，在接下来的种种沟通中结果会发生什么样的改变吧。

也有因为"我比较胆小""觉得对对方不好"这样的原因而逃

避沟通的人。其实，我更想让这些人知道沟通的构成和感情的动向。我不想让这些忍让和善意白白浪费。因此，我怀着这样的心情，写下了这本书。

- 通过商量可以解决
- 让对方改变使人为难的行为
- 让对方答应请求

无论喜欢与否，我们每个人都在日常生活中不断重复着各种沟通。反正都要做，难道你不想得到一个既能取悦对方，又能使自己受益的结果吗？

在沟通这一门学问中有很多技巧，例如，不破坏人际关系的自我主张的方法，不被对方讨厌的拒绝的方法，有效果的让步方法，不拘于感情而取得实利的方法等。而这些技巧是适用于任何职场、任何立场的。笔者拥有在地方的警察局、银座的俱乐部，以及平常的公司里工作过的经历，并自己创立了公司；也有过做兼职、中层管理人员等工作的经验。因此，笔者深知，无论是什么职业，处于什么地位，沟通能力都是不可或缺的；无论是什么情况，都能通过好的沟通获得“更好的”结果。要是这样的“更好的”结果不断积累的话，想改变自己的人生也不会是梦想了。至少，十年后，与现在一成不变的你相比，拥有沟通能力的你应该会与从前判若两人吧。

本书将人们通常认为是很难的沟通技巧，通过初学者都能理解的事例和故事娓娓道来。而且，本书中也涉及了现实中无法忽视的、存在好恶和不同立场的沟通技巧，以及为了不至于被骗而有必要知道的一些不公平的沟通技术。那些虽然认真努力但总是吃亏的人，请通过这些理由和手段避免不好的结果吧。那些受益的人，也请通过具体了解顺利进行的原因后，再现好结果吧。

人生就是不断沟通。今后，还有很多沟通等着你。理解沟通的过程，积累好的结果，这是改变你人生的好方法。迈向沟通的第一步，也是迈向不一样的未来的第一步。

欢迎来到你的新人生！

藤田尚弓

目录

第1章

丢掉不善沟通的意识

让别人无法拒绝你

『沟通中常见的误解1』

你是否不善于沟通？

遇到这个问题，90％的人都会回答“Yes”。

是因为懦弱的性格？还是因为顾及对方？

从今天起就彻底丢掉这种消极情绪吧！

▼▼▼真正的沟通并不是打败对方

你认为自己不善沟通吗？

遇到这个问题，90％的人都会回答“不善于”。问其原因，得到的都是一些与性格相关的回答，例如“我比较怯懦”“我不善于说‘No’”等。

但是，这些回答总让人感觉到一些深藏其中的关于沟通的消极情绪，如“不想斤斤计较”“过分坚持破坏了和谐怎么办”等。

认为自己的性格不适合沟通的人似乎都有“缺乏沟通的意

识”和认为“对对方不好”这样的消极情绪。

在此，我想先给这些人讲一个故事。这个故事是引导我进入沟通领域的老师给我讲的，叫做“双胞胎的橙子”。

从前，有个地方住着一对可爱的双胞胎。

“妈妈，买点儿橙子吧。”

“妈妈，我也想要。”

两人都很想要橙子。

但是，妈妈只买了一个橙子，把它切成了两半。

“这样也公平啊!”

将橙子切成两半，一人一半。

其实他们一个想要橙子皮做点心，另一个想要吃橙子。

虽说是公平，但两人都只得到了半个橙子。

如果这两人进行一番沟通，结果又会怎样呢?

如果这两人沟通了的话，那么无论是想要橙子皮的孩子还是想吃橙子的孩子，都能得到一个完整的橙子，而不是半个。

一听到“沟通”，人们往往会有消极的印象。但是，沟通绝不是为了打败对方而针锋相对，而是为了找到双方利益的契合点。

当今社会确实存在着不给对方留有余地的沟通。但是，日常生活中的沟通通常是“双赢的沟通”，是双方都得到满足的沟通。双方为了得到更好的结果而协力解决问题，因此大可不必厌恶这样的沟通。

也有人因为缺乏沟通的意识以及懦弱的性格，而无意识地逃避沟通。但是，相较于不沟通，沟通过后双方的满意度都得到提高，这样的例子并不少见。

这里，我们一起来看看就职于商社的小隆的例子吧。今年是小隆进入公司的第六个年头了。他决定买一辆自己向往已久的车。虽说小隆是一向都不对别人说“No”的性格，但因为这次要买高价的东西，小隆下定决心无论如何也要成功。

案例 1　双方都获益了，为什么还存在不满

小隆忐忑地推开了展览室的门。

小隆：“您好，我想咨询一下买车的一些事项。”

小隆想尽量选一个看起来比较好说话的销售员。而且，一开始不说“买车”，而说“咨询相关的事项”也是战术之一。

铃木：“欢迎光临！谢谢您！这款车是我们公司推出的最新款，和之前的款式相比，性能也有了很大的改进。请您看这边……”

销售员铃木开始认真地介绍。铃木体格健硕，像个运动员，而且说话很直率，笑容也很灿烂，怎么看都不像是坏人。

小隆：“原来是这样啊，这辆车不错，但是它的价格应该不便宜吧？”

小隆尽量装作若无其事地说着昨天想好的台词。

铃木："那您的预算大概是多少呢？"

小隆："如果能打折的话，我可以考虑一下马上就买……"

铃木："这款车是300万日元，给您最低折扣的话是270万日元。"

根据事前掌握的情报，这款车即使是最低折扣也要280万日元，没想到还能比这再便宜10万日元。心里暗自兴奋的小隆尽量假装平静，并且马上决定买下这款车。"第一次兜风要去哪里呢……带谁一起去呢？"小隆沉浸在愉悦的幻想中。可是刚到家，一种复杂的心情便袭上心头。

"那辆车，他毫不犹豫地以270万日元的价格卖给了我，莫非价格还可以更便宜？"虽说是高价买的东西，但是"莫非"这样的念头不断涌上心头。"看起来老实的销售员也很有一手儿啊！"

他也对给了他折扣的铃木产生了怀疑。在庆祝购买新车的时候，他有意地喝了比平时度数高的啤酒，但是即使这样，他也高兴不起来。

而在展览室里，刚和小隆签了合约的销售员铃木却表现得闷闷不乐。

同事："铃木，你车都卖出去了，怎么好像不太高兴啊！"

铃木："是啊，卖是卖出去了，但是折扣太狠了，有点后悔。"

同事："但是，你这个月的销售量也完成了，而且即使是

270 万日元也有的赚啊，好羡慕你呀！”

铃木：“话是这样说，但是他毫不犹豫地就买了，而且面对这么低的折扣，他也没有任何高兴的表情，或许客人当时的预算更高一些呢！”

好不容易完成业绩的铃木也郁闷地踏上了回家的路。

▼▼▼得到了自己想要的东西，为什么还会有“赢家的诅咒”呢

如上所述，得到了自己想要的东西，却很后悔。这种现象在沟通中叫做“赢家的诅咒”。我们是感情动物，就像案例中那样，对方很干脆地说出“Ok”时，即使是获利了，有时候也会后悔“是不是会更……的呢”。

在这个案例中，无论是以比预想中更便宜的价格买到车的小隆，还是完成销售业绩的铃木，双方都通过这单交易获得了好处，但是为什么两个人都会表现出复杂的心情呢？

如果两个人稍微深入地沟通一下的话，结果会怎么样呢？

如果两个人稍微深入地沟通一下的话……

小隆：“如果能打折的话，我可以考虑一下马上就买……”

小隆看了看铃木计算器上显示的数字，摇了摇头。

小隆：“很不好意思啊，确实超过了我的预算，虽然我很喜欢也很想买，但是……”

铃木："知道了，如果您真心喜欢的话，我也希望可以卖给您，但是，在我的权限之内不可能还有更低的价格了。我找店长商量一下，请您再稍等一会儿。"

铃木朝店里面的一间屋子走过去。

"最近汽车也不怎么打折啊！"小隆这样想着的时候，铃木回来了。

铃木："让您久等了！店长说如果您今天能签合约的话，最低270万日元卖给您。我看您也是真心喜欢，能卖给真正喜欢它的人，而且价格这么低，我也很开心。"

"这个折扣必须经过商量才能决定，能拿到这样的折扣，我还真是幸运……"或许是把小隆的沉默当成了"不行"，铃木露出了抱歉的表情。

铃木："不好意思，如果是更低折扣的话……如果在交付的时候来取车，还可以再降低1万日元。"

小隆高兴地大声喊了出来："谢谢，就这辆了！"

看着这样的小隆，铃木想这件事办得真好。

▼▼▼虽然吃了亏但却感到满足，虽然得到了好处但却感到不满足……为什么会这样呢

因为对方一直让步所以感到不满足，因对方同样得到了好处而感到满足，这两者的差异存在于产生这样结果的过程之中。我们所说的满足度，不仅仅存在于结果当中，而且还来自

于过程的影响。理解了这样的过程，就会明白如果让步不是恰到好处的话，即使做出了让步，也会招来不满；相反，如果掌握了窍门儿，即使自己得到好处，对方也会心存感谢。

很多不善于沟通的人都有这样的想法："不沟通＝虽然自己吃亏但却维持了风度。"但是请记住，人的感情就是经过一定的沟通过程最终达到"满足"或"不满足"。如果不在乎这个过程的话，不但会失去风度，而且会招致对方的不满。为了避免对方抱怨，顺利地处理事情，是不是应该丢掉那些消极的沟通心态呢？

这本书将为大家介绍双方都能得到满足的沟通过程。与不沟通相比，沟通之后会获得更好的结果、更大的快乐。如果学会了这样的沟通术，无论是对自己还是对他人，都不会造成伤害。

『沟通中常见的误解2』不是百分百的胜利便是失败吗？

沟通不仅仅靠“胜败”来决断。只有双方获利，取得彼此都满意的结果，才称得上是成功的沟通。

▼▼▼过分胜利的沟通中遗失的东西

在前一节中我们提到，双方都得到满足的沟通才是双赢的沟通，但社会中也存在“单方胜利”这样的沟通。所谓“单方胜利”，就是指一方得到了满足，而另一方感到不满。

使用核武器和导弹进行威胁的国家，数次痛苦哀求的人……观察我们的身边，无理沟通的事例不胜枚举。

但是，在这里请稍微发挥一下你的想象力。

如果你在沟通中一味吃亏的话，你会对对方抱有什么态度呢？再也不想有瓜葛、憎恨、想报复……是不是会这样想呢？至少也不愿意和对方保持友好关系了吧。在无论如何也要沟通或者是必须沟通的场合下，可能也会事先做好准备，不让对方牵着鼻子走。“单方胜利”的沟通方式，即使获得了好处，也得不到好的人际关系。

这里，看一下小隆和科长的例子吧。

案例 2　怎样处理大雄科长的申请

某个星期五，小隆叫佐藤前辈出去喝酒，说“有事跟你商量”。佐藤前辈既是小隆的偶像也是他的倾诉对象。

小隆：“前辈，您是怎样理解胖虎和大雄①的？”

佐藤：“怎么回事啊，突然问这个。”

小隆：“胖虎经常抢走大雄还没读过的漫画，强迫他做一些棘手的事。因为住得很近很难不和他交往，但实际上大雄不想和胖虎打交道吧。”

佐藤：“你不会是想跟我谈漫画吧？”

小隆：“不是，只是我觉得自己像大雄。实际上，最近科长总是勉强我做一些事情，就像是胖虎一样。”

佐藤：“哎，哎，你说科长像胖虎，发生什么事了吗？”

小隆：“是这样的，今天他让我针对 A 公寓做一份企划书，他说要赶上夏季商战，所以要我这星期之内交给他。”

小隆一脸平静地说着。

---

①　注：“胖虎”和“大雄”为日本漫画《哆啦 A 梦》中的角色。

小隆："我确实喜欢做企划书的工作，但前辈您也知道，我现在因为采购的事情忙得焦头烂额，而且还有很多必须处理的事情，因为科长的这种蛮横要求，我自己的工作也要拖延了。"

科长体育系出身，比较豪放，领导架子十足。小隆正为不能拒绝他而烦恼。

小隆："因为科长我自己的工作也耽误了，别人要是认为我总拖延工作怎么办啊？科长怎么老是给我找麻烦呢？"

佐藤："也不是给你找麻烦吧。无论怎样的工作找你，都是因为你有这个能力啊。但是，要是真的很忙的话，怎么不跟科长说明呢？"

小隆："我要是拒绝了的话，岂不是把科长给得罪了！"

佐藤："你仔细跟他说明白的话，应该没有关系。注意语气的话，拒绝也不是一件失礼的事。相反，如果你因为这件事而耽误了其他更重要的工作，公司会认为是你的原因。"

小隆："科长从来不这么考虑。因为我好说话，麻烦事全部都给我。要是那时我把不满跟科长一口气说出来就好了。"

佐藤："你要是突然间感情用事的话，科长就会有受到攻击的感觉，要是两个人心情都不好，事情就更难解决了。"

佐藤前辈循循善诱地讲着。

佐藤："我觉得，科长说要你这周内完成企划书并不是想干扰你的工作。你也不会因为想做自己的工作而跟科长吵架吧？我认为肯定有让你和科长都能接受的方法。”

这种一方得到满足、另一方不满足的关系不会持续很长时间。例如，在上司利用职权一个劲儿地勉强下属工作的例子中，小隆的不满不断积累可能会在某天突然爆发。

确实，如果采用诸如孩子王的“喂，把那本漫画借我”的威胁式的沟通方式，招致的不满必然会越积越多。但是，虽说被无理要求，如果过于感情用事的话，也解决不了问题。

科长无理地要求

↓

无法忍受的小隆向科长抱怨

↓

突然被人抱怨的科长感到被攻击了，产生了反攻意识

↓

互相讨厌对方

↓

问题变得复杂，难以解决

无法忍受的小隆向科长抱怨，就像是孩子间的沟通方法一样。哭着说“姐姐总耍赖”、在床上打滚说“我要玩具”，这样的行为也就不难理解了。

如果是亲子关系或不成熟的孩子，感情用事、主张自我、想让对方让步，这种行为尚且能被接受，如果大人这样做的话……这个时候，即使别人做出了让步，也很难维持良好的人际关系。那么，怎样才可以既能从沟通中得到满足，又能维持良好的人际关系呢？

▼▼▼双方都能受益的方法

作为双赢沟通的基础，首先要注意以下两点。

1. 分别分析各自的期待之所在。

就像“双胞胎的橙子”这个故事里所讲的，即使双方想要的东西不一样，问题也不难解决。看看小隆和科长各自的期待是什么吧。

- 科长的期待→本周内完成企划书
- 小隆的期待→完成自己的工作

由此可知，科长更看重的是“截止日期”而不是“让谁做”，而小隆并非不愿帮忙，他只是想要完成自己的工作。双方各自所期待的并不是勉强小隆，或者是不愿帮科长的忙，所以应该能找到解决问题的切入点。

- 这周内能完成企划书
- 小隆的工作也能按时完成

如果能找到以上两点的解决方法的话，也就意味着实现双赢的沟通。

作为满足双方期待的策略，可以考虑以下几种方法。

- 不找百忙之中的小隆，而是找其他有空闲的人
- 小隆完成企划书，但是将自己的工作拜托给他人

● 小隆说明自己的情况，咨询一下是否能够减少企划书的页数

分别分析各自的期待之所在，如果能够找出双方都满意的策略，那就能得到理想的结果和良好的人际关系。无论是商业场合还是私人场合，“重视对方和自己”都很重要。无论是哪一方做忍让，关系都不会维持很久。

双赢沟通的要诀 1

科长的要求	小隆的具体情况
本周内提交针对 A 公寓的企划书。	不是不愿意做，而是会因此耽误自己的工作。

科长的希望 只要如期完成即可。	双方各自的期待	小隆的希望 只要能不影响自己完成工作便可以接受。

↓　↓

解决两人利害关系的办法

→让其他人做这份企划书。

→小隆请其他人来做自己的工作，自己完成企划书。

→向科长说明实际情况，询问能否减少页数。

只要对相互的利害关系进行分析的话就能找到解决问题的办法。

2. 即使处于四成的劣势也可以接受。

如果想同对方继续保持友好关系，非要占上风就成了问题。在小隆和科长的案例中，无论是科长用权威强迫下属工

作，还是小隆发泄出积压至今的不满，不计后果甩手不干，都是非要居于上风的表现。如果双方都想居于上风，就难以找到彼此都能接受的解决办法。

如果在沟通中过分追求强势，结果可能会造成双方关系恶化，得不偿失。

看一个现实生活中的案例吧。

A 君用无理的手段使采购商同意了交易。结果，A 君的公司如愿以偿地以低价购得商品，扩大了交易客户群，成功地获得了丰厚的利润。之后，由于这种商品的需求量增多，他们向采购商提出了追加订货的要求，但是对方却没有答应供货，因为对方公司“不想再继续与该公司合作”，所以 A 君的公司没能购买到需要的商品。

本来已经预订好了该商品并腾出货架的零售商勃然大怒。A 君的公司在采购时过于强势，最终因背负巨额的罚金而陷入困境。

在沟通中不做让步，经常居于强势地位的人被叫作“难缠的谈判者”，这种称呼似乎给人一种在交际中游刃有余的感觉。但是，“难缠的谈判者”往往会处于得不偿失的境地，下次甚至会失去沟通的机会，或者可能会因一开始便遇到苛刻的条件而撞得头破血流。

“处于六成的优势即可达到满足。”

这句话是因崇尚人治而取得辉煌成就的武田信玄[①]的名

---

① 注：武田信玄，日本战国时期名将。

言。看来，历史上的名将也深知过分追求强势的危险性。与其整垮对方被其深恶痛绝，还不如不苛求对方而将自己置于优势地位。这种理论无论是在战场还是在商界都行得通。

那么，怎样做才不至于在沟通中过度强势呢？首先，要改变对沟通的看法，明白“坚持己见不等于否定对方的主张”。思考一下之前提到的“双胞胎的橙子”的故事。

两个人都想要橙子

↓

母亲将一个橙子公平分开

↓

每人都得到半个橙子

在这个案例中，双胞胎会通过什么样的方法增加自己的所得？

(1)坚持要增加自己的所得，抢夺对方的橙子。

例：“是我先说想要吃橙子的。”

(2)提出交换条件，抢夺对方的橙子。

例：“我给你玩儿我的玩具，你分给我点橙子。”

(3)通过威胁抢夺对方的橙子。

例：“如果不多给我点橙子，我就不跟你玩儿了。”

这样的方法经常会浮现在我们脑海中，通过这样的方法，虽然得到了更多的橙子，但是却付出了使双方关系恶化的代价。为了不处于过分追求强势的境地，不仅要获得想要的东西(得到更多橙子)，而且要充分考虑到维持良好的人际关系，这也是至关重要的。

双赢沟通的要诀 2

例：将一个橙子公平地分给两个人。

A 君增加自己所得的办法
“是我先说想要吃橙子的。”(强硬的主张)
“我的玩具给你玩儿，你分给我点橙子。”(交换条件)
“如果不多给我点橙子，我就不跟你玩儿了。”(威胁)

↓

关系恶化

过分的强势会导致难以继续维持良好的人际关系。

▼▼▼想要的东西不一定要同时得到

就像双胞胎中的一人因为要做点心所以想要橙子皮，而另一个想要得到果实，沟通的双方想要的东西并不一定是一样的。如果找到了“核心利益的不同”，便很容易找到解决方法。

想买车的小隆和销售员铃木也是同样的情况。他们追求的利益是不同的。双方虽然进行了讨价还价，但是对于已经有足够储备金的小隆来说，早一天提车比减价更重要。而销售员铃木，最想得到的或许并不是利润，而是一句发自内心的“谢谢”。

利益的不同即沟通的关键点。只要认识到这一点，日常生活中的很多麻烦便会迎刃而解。例如，即便是存在权力差异的上下级之间，也没有放弃沟通的必要。尊重上司的同时，寻求双方都能得到满足的关键点并不是不可能。不论是怎样的情况，都要首先探寻各自期待的结果，以及重视关键点的差异。

『沟通中常见的误解3』

对『沟通』的印象是『难』吗?

一听到"沟通"这个词，你可能就会不自觉地想到它需要高超技巧。其实，基本的模式也只有一种，只要记住这种模式，无论多么复杂的沟通都会变得简单。

▼▼▼无论怎样的沟通基本上都不复杂

读到这里，是不是对沟通的想法也有所改变？在介绍沟通的具体技巧之前，先看一个简单的案例，把握一种适用于各种沟通的典型模式，明白无论是怎样复杂的、困难的沟通最终都能变得简单这一道理。

案例3　沟通的基本模式A(破裂一致篇)

前往海外采购的小隆，在到达当天的空闲时间里，去自选超市闲逛，看到了一幅很适合给恋人香织作礼物的画。

小隆："这幅画多少钱？"

店员 A："100 美元。"

小隆："这么贵啊！超出了我的预算，能便宜一点吗？"

店员 A："那给您打特价，80 美元吧！"

小隆："要是 70 美元的话我就买了。"

店员 A："70 美元不行，都不够本儿的，80 美元怎么样？"

小隆不打算在这家店买画了，便走了出去。没走几步，看到了与刚才的画很像的一幅画。

小隆："这幅画多少钱？"

店员 B："100 美元。"

小隆："嗯，有点超过预算了，能便宜一点吗？"

店员 B："这样啊，那 80 美元怎么样？"

小隆："70 美元的话我就买了。"

店员 B："您要是买两幅的话，那就 70 美元吧。"

（买一幅和香织不一样的，也可以挂在自己的屋子里。）

小隆："好的，那帮我包起来吧。"

这就是典型的沟通的例子。在沟通中，首先在有了提示之后，反复地进行主张和让步。这种情况下，价格是"100 美元"这句话相当于提示，"能便宜一点吗"是主张，"80 美元怎么样"是让步。这样几次反复，达到了"破裂一致"。接着看案例，进一步熟练一下这个技巧。

案例 4　沟通的基本模式 B(一致篇)

小隆："关于商品的交货，能不能通融一下，再延长 10 天

呢？”（提示）

负责人：“如果不按时交货的话，我会很为难的。”（主张）

小隆：“但是，因为这次的订单下得也比较迟，而且也要求变化颜色，所以……”（主张）

负责人：“卖场也不能出现空货架啊，还希望你能想想办法。”（主张）

小隆：“那能不能先交半数的货物，剩下的一完成就给您送货怎么样？”（让步）

负责人：“但是，要保证最低不少于×个，不换颜色也可以，先要×个。”（让步）

小隆：“那么，先交货×个。”（一致）

或许有人会觉得比较难以掌握，那么，继续通过小孩向家长要玩具的沟通模式来梳理一下。

交货期延长 10 天（提示）→得了 100 分的话就买玩具（提示）

希望马上交货（主张）→之前已经买了玩具了，不能再买了（主张）

订货也比较迟，而且要求变化颜色，所以没办法按期交货（主张）→得 100 分很难（主张）

卖场不能有空架，所以要现货（主张）→已经买了就不再买了（主张）

先交货×个（让步）→所有科目都得 100 分的话就买（让步）

×个是最低限，不变化颜色也要现货（让步）→要是扔了旧

玩具的话就买新的(让步)

先交货×个，不变样式(一致)→所有科目得 100 分，扔掉不要的玩具的话就买新的(一致)

先进行提示，然后经过几次反复主张和让步后达到了一致的结果，大家明白这个顺序了吧！这就是沟通的典型模式。即使经过反复的主张和让步也达不到统一时，最后也只能是“破裂”的结局了。(不能交货，不买玩具)

记住沟通的基本模式

交货期延长10天	提示	得了100分的话就买玩具
希望马上交货	主张	已经买了就不再买了
订货也比较迟，而且要求变化颜色，所以没办法按期交货	主张	得100分很难
卖场不能有空架，所以要现货	主张	已经买了就不再买了
先交货×个	让步	所有科目都得100分的话就买
×个是最低限，不变化颜色也要现货	让步	要是扔了旧玩具的话就买
先交货×个，不变样式	让步	所有科目得100分，扔掉不要的玩具的话就买新的

沟通要经过“提示”、反复“主张”和“让步”才能达到“一致”或者“破裂”。

案例 5　沟通的基本模式 C(破裂篇)

科长：“马上要发冬季的奖金了。因为这段时间年会和聚会比较多，所以能不能在发了奖金之后暂时拿 5 万日元的零钱花啊？”(提示)

夫人：“房子的贷款要还，家用也很紧张，所以今年能坚持一下吗？”(主张)

科长：“这次能涨奖金也多亏部下和我一起奋斗，就算是慰劳也要招待他们一下。通过聚会团结大家也是工作的一环啊。”(主张)

夫人：“既然是工作，那就用公费吧！我每天 100 日元、200 日元地节约，你当是为了什么呀！”(主张)

科长：“怎么回事啊，突然这样。你是因为谁才能够生活的呀！”(多余的一句话)

夫人：“家里所有的事都不管，老是自作主张！5 万日元，想都别想！”(破裂)

看吧，不仅没有得到零花钱，反倒发展成了夫妻吵架。沟通不伤感情才是关键。而且，越是和亲近的人沟通时越需要考虑维系感情的技巧(第 7 章会详细说明)。

现在你对沟通的基本模式比较熟悉了吧！复杂的沟通也会通过这些基本模式而变得简单。

第1章　总结

1. 为了丢掉不善于沟通的意识。

□ 请将沟通理解为：不是争夺损益，而是探寻双方的利益。

□ 保持良好的人际关系需要沟通。

□ “不沟通＝抑制自我，热情对待对方”，这样的想法是不正确的。

2. 为了寻求双方都获益的方法。

□ 感情和主张相悖时沟通绝对会失败。

□ 通过寻求双方的利益点获取解决方法。

□ 为了“下次”，禁止“过于强势”。

3. 沟通基本模式的关键点。

□ 记住沟通是“提示”之后反复“主张——让步”的过程。

□ 把沟通想得越简单越容易沟通。

第2章

沟通的5项基本技能

让别人无法拒绝你

『基本技能 1』能做出让步的，以及必须坚持的是什么？

在沟通之前，必须清楚地知道哪里能做让步，哪里必须坚持。对忍耐的限度以及突破点也应该心知肚明。

▼▼▼沟通中禁止“凭感觉”

当然会存在意外和预料不到的事情，因此要在沟通之前做好心理准备。要是处于“总感觉要是朝这个方向发展就好了”这个阶段的话，沟通会被当时的氛围和对方所左右。作为事前的准备工作，首先要知道什么地方能做让步、什么地方必须坚持，这一点很重要。

以小隆的恋人香织的跳槽为例。

案例 1　是价值、是收入，还是休息日

小隆的恋人香织想跳槽。在了解想跳槽去的公司时，香织发愁了。

小隆："你愁什么呀？"

香织："一家公司已经接受我了，而且待遇条件很优越，可不知道为什么就是很迷茫。"

小隆："香织，是你说想做市场销售的工作才跳槽的啊。"

香织："是啊，虽然找到了能做市场销售工作的公司，但是工资却比现在的低啊。"

小隆："低多少？"

香织："最初说的是320万日元。即使薪金可以再商量，但是也不可能有450万日元。虽然说这份工作有价值，可是我也要生活啊。"

小隆："具体是多少？"

小隆一边想着香织的收入会不会比自己高，一边心虚地问。

香织："嗯，其实我一直想坚持最低400万日元的底线，但还是同意了350万日元的条件。"

小隆："这样啊！"

香织："而且假期很重要。只要周六日、节假日能休息的话，这样的报酬我也接受。现在的公司没有假期，所以我特别想找一份有假期的工作。约好在下周详谈的，最后怎么决定还不知道呢。"

▼▼▼明确能让步以及必须坚持的关键点

香织有很多烦恼。如果是以这种状态去沟通的话，很可能会受影响，随波逐流忘记关键点，或许也会纠结一些无谓的小细节。首先将“能做让步的地方”和“必须坚持的地方”写下来，清楚掌握。

“能做让步的地方”

工资低一点也可以。

加班也可以。

基本上可以接受周六日休息，节假日加班。

“必须坚持的地方”

做市场销售的工作。

周六日休息。

工资能够保障基本生活。

做了这样的笔记之后，“能做让步的地方”和“必须坚持的地方”变得明确，沟通的准备工作也就变得简单了。

香织想要坚持的事项中，有一项是“工资能够保障基本生活。”那么，香织认为大概多少钱才“能够保障基本生活”，可能的话具体想要多少钱呢？需要提前具体地思考一下能接受的工资范围。

例：最低 350 万日元～可能的话 450 万日元

自己能接受的范围与对方能接受的范围相交叉的部分叫作“沟通幅度”，如果在这个范围内达到目标，那双方都能满意。

那么，推测一下香织想要跳槽过去的公司会给出怎样的工资呢？

例：如果可能的话300万日元～上限是400万日元

香织跳槽的这个情况，双方重合的部分是350万日元～400万日元。如果想办法在这个范围内冷静商谈的话，就能够达到双赢沟通。

ZOPA＝发现沟通幅度

香织提出的希望值

最低350万日元～可能的话450万日元

这种情况下

350万日元～400万日元

↓

ZOPA

可能的话300万日元～上限是400万日元

公司的预想额

在ZOPA内能够达成一致的话，容易得到双方都满意的结果。

达成一致的底线叫作“保留价格”。这个案例中，香织能满足的最低额350万日元，以及公司能给出的最大额400万日元，是“保留价格”。

这里出现了专业用语，您可能会觉得有点难理解。

- 沟通时坚持自己的最低限
- 预测对方的最高限
- 预测双方期待的重合部分

只要记住了这几点就不用担心。

不明确自己的期待就去沟通，或者没有搜集相关信息就直接去沟通，都是不可取的。没有推测沟通的幅度，在现场只能凭感觉判断，必然会觉得很难。推测大概的沟通幅度是基本的要点。

那么，要是已经决定了接受的几个范围，以及自己的“保留价格”，就将其记录下来。这个“保留价格”在与对方的商谈中是基本不动摇的部分。即便是对方提出在理的要求说服你，想使你接受，也要坚持，不能轻易改变这条原则。如果要让步，也可以在其他方面做出让步。

有些人可能有误解，其实沟通的目的并不是达成一致。即使是坚持自己的底线也不能达成一致，那么爽快地拒绝也未尝不可。

香织要是成功跳槽的话就可喜可贺了。

『基本技能2』你有几张『让步牌』？

沟通就像打扑克，为了想保留的王牌，能否得到想要的结果，关键在于你是否拥有很多能舍弃的牌。

▼▼▼“沟通就是打扑克”

沟通时，双方通过小小的让步以达到一致的结果。或许有人会认为这个过程就像是讨价还价一样很艰难，但是只要知道了规则，便不会觉得很难了。想象沟通就跟双方相互出牌打扑克一样简单——为了保留重要的牌，逐次打出不需要的牌。

案例2　成功跳槽所需要的牌

负责人：“就像上次所说的一样，我们公司很欢迎像你这样有经验的人。虽然我们公司规模不如你现在的公司，也给不了同样水平的工资，但你难道不想在相对自由的公司里大展身手吗?”

香织:“谢谢您!我最想做的是和市场销售有关的工作,如果贵公司能给我提供机会,使我拥有这样的经历的话,那再好不过了。但是,因为我是单身,所以很想知道贵公司具体能给多少工资?”

负责人:“上次说过320万日元有点少,我们公司内部调整了一下,360万日元,如果你同意的话。”

感觉公司很有诚意地在内部进行了调整。

香织:“说实在的,有点少,但是能接受。那么周六日、节假日呢?”

负责人:“周六日休息,节假日正常上班。”

香织:“这样啊,节假日不休息啊?”

负责人:“也有很多人想依照安排节假日休息,但是节假日实在是太忙了。”

香织:“那我大概了解了。这么说来,周六日不一定都是休息日了吧?作为交换,我想尽量在平时加班,周六日休息。”

负责人:“这样啊,虽然要视情况而定,但是我们会尽量周六日让你休息。”

香织:“谢谢,那以后还请您多多关照。”

▼▼▼寻找、制作“让步的牌”

刚才,将沟通中的让步比作了打扑克。在双方的出牌过程中有不可动摇的原则，即手中剩牌更多的人处于更有利的地位。持牌越来越少的一方，虽然趋向不利，但是也并不意味着游戏结束。

在沟通中准备更多的让步牌是铁的原则。在有很多牌的情况下，不仅能逐次出牌，而且还能达到每出一张牌就能提高对方满足度的结果。此外，接二连三的出牌可以达到催促犹豫不决的对方尽快做出决断的作战效果。

打出让步牌并不意味着“就这么着吧”的妥协。正确的让步方法是：为了保护自己重视的东西（坚持的地方），在自己觉得并不是很重要的地方（让步也未尝不可）做出让步。

梳理一下香织的案例。

“不能让步的地方”

做有关市场销售的工作

能够保障基本生活的工资

周六日休息

“能让步的地方”

年收入（虽然比现在低，但是350万日元可以接受）＝第一张让步牌

休息日（节假日上班也可以）＝第二张让步牌

加班（平时加班也可以）＝第三张让步牌

香织有三张让步牌。因为在沟通中拥有越多的让步牌就越有利，所以有必要寻找更多的让步牌。

例如，周六日上班，如果每月仅仅一次的话也可以接受；另外，不仅仅是市场销售工作，其他工作也可以兼任。因为可以做出让步的点，一般是对于自己不太重要的地方，所以它有一个特点：不重新寻找的话不容易发现。要做好这样的心理准备，发挥想象力尽量寻找，如果找不到也要制造出来。

通过一定渠道了解对方公司的让步牌。

开始会很低，但是可以涨。

让步牌的使用方法

香织的让步牌		公司的让步牌
即使比现在低，也不能少于 350 万日元	年收入	不超过 360 万日元
周六日尽量休息，节假日可以上班	休息日	周六日不得不加班时可以商量
	逐次打出让步牌	
做有关销售的工作	不能让步的牌	节假日上班

为了保护王牌，准备更多的让步牌：

跟随负责市场销售的上司

节假日可以按时下班

如果想要准备的话还是能找到让步牌的。

相互打让步牌的游戏的关键将在第4章作详述。这里，只须要记住“让步就如相互出牌的游戏一样”“尽可能多地准备让步牌”。

即使决定了自己能做出忍让的最大限度，即使明确了能让步的地方和不能让步的地方，即使准备了让步牌，最重要的还是明确自己的想法。在沟通之前，认真地准备时间，逐一地明确自己的想法。

『基本技能3』

是否误认为这个条件是『受益』的？

同样的价格，同样的条件，可能越到后来觉得好处越多，满足度增高。不受感觉的影响，做出正确的判断才是关键。

▼▼▼无意识中确定了的“基准值”

虽然很突兀，但却是个问题。以下几项中，你认为最能得益的是哪一项？

1. 用2万日元买到了原价3万日元的包。

2. 用2万日元买到了原价2.5万日元的包。

3. 用2万日元买了包。

4. 用2万日元买的包，第二天降价到了1万日元。

绝大多数的人认为1最得益，而4最吃亏。

事实是：包是同样的包，而且感觉值2万日元，最后都买了。

那么，为什么会有得益、吃亏的感觉呢？人们对得益和吃亏的感觉是相对的。在无意识中确定了基准值，然后判断是在基准值之上还是之下，因此虽然内容相同，但是通过最初的条件提示还是会感觉到得益或者吃亏。

在沟通中也必须重视最初的条件提示。

案例3　条件提示出现在最开始时是不是最得益

今天小隆所在的部门有会议，是关于在全国建立连锁店的大型商店 B 的商讨会。大型商店 B 和小隆的公司是第一次合作。

虽然提高业绩是最重要的，但是考虑到之后的合作，也不能随便应付。因此，在出去商谈之前，部门开会让大家集思广益想出好的办法。

科长最先发话。

科长："小隆，我想这次由你来负责。你进入公司也有六年了，而且从佐藤那里也得到了不少锻炼。小隆，你认为我们这次应该怎样应付 B 公司？"

小隆："嗯，因为是第一次合作，是寄销还是购买，具体情况暂时还不是很清楚。而且，与其我们提出条件，倒不如让 B 公司决定对我们更有利。我们还是先听听对方的条件吧。"

科长："这样啊，你说的这些即便是刚到公司一年的人也会说。"

（好不容易想出来的，却遭到科长不分青红皂白的否定）

科长："小隆，想象一下，比方说我要把这个笔记本电脑卖给你，你现在也需要一台便携式的电脑。我想把这台电脑3万日元让给你，多少钱你才会接受？"

小隆："嗯，如果是老顽固的科长低价卖给我的话我可以接受。非要说的话，那2万日元我觉得就可以。"

科长："如果把我刚才提到的3万日元作为基准值来判断的话，你是得益的。那么，要是这台电脑现在仅仅值1万日元呢？"

小隆："这个……"

（确实，如果说的是3万日元，那么2万日元能买到的话感觉是得益了。但是，如果最开始说的是2万日元，那么2万日元买的话或许有点勉强）

科长："听对方的条件或许是正确的，但是也有因此从对方的条件中感到的压力。"

小隆："这个……"

看着小隆已经理屈词穷了，佐藤前辈马上帮腔。

佐藤："您说得对。大多数情况下拥有最先发言权的一方处于有利地位。对方提出的条件会让我们在不自觉中产生压力。但是，在这次的案子中，我也不觉得小隆的想法有错。如果明确了我们公司'不事先总结就不会进行交易'的宗旨的话，条件提示在前还是在后都不是问题。"

科长："嗯。"

佐藤："商店要比百货店条件好，所以能充分理解对方提出的条件比我们提出的条件高的想法。只要事先决定了'到什么程度才能合作'，剩下的交给小隆办应该不会有问题。"

科长："嗯……"

佐藤："但是，小隆，你应该感谢有科长这样一位好上司。能给你机会已经不错了，还得到了这样的指点。"

佐藤前辈也没有忘记附和脸色很难看的科长。

▼▼▼先提条件有利，还是后提条件有利

在出条件牌时，是先出好，还是后出好？翻阅有关沟通的书籍，既有"先出好"的说法，也有"后出好"的说法。真是一个耐人寻味的话题。本书认为：

- 事先决定好"让步到什么程度""到什么程度便选择放弃"
- 从这里之后便不动摇了

确定了以上的宗旨之后，建议采取后提条件的策略。

观察沟通的流程，会发现后出条件牌的一方更有利。这时，要注意不要以对方所提出的条件作为基准值。如果由于具体情况必须先提出条件，也不要灰心。要是事先做好了市场价格调查工作的话，也能防止最极端的受损。因为我方无意识中确定的基准值可能会影响对方的满意度。不要忘了沟通是在相互的让步中推进的，提示也有让步的成分在里面。推测到对方的底限，然后从高于这个限度开始即可。

案例4　最初的提示额会提高满足度吗

回家的路上，小隆和佐藤开始交谈起来。

佐藤："最近服务业加班的情况很多啊。话说你喜欢达旦舞乐队吗？"

小隆："还好啊，我觉得他们是很受欢迎的乐队。"

佐藤："这样啊，你也喜欢啊。我有两张演唱会的门票，虽然我也喜欢，但是我觉得把很难买到的票让给达旦舞乐队的铁杆粉丝更好。"

小隆："真的吗，我女朋友就是铁杆粉丝，前辈，您能让给我吗？"

佐藤："也没其他人了，既然你这么说了，就让给你吧。"

小隆："太好了，前辈，我会报答您的，门票多少钱？"

佐藤："最后一天的圆形剧场的座位，网上的拍卖价格是10万日元。"

小隆："这么贵啊！"

佐藤："我没有想着要从你这里赚钱啊，但是，我也是在售票点高价买的，并不是说要按票面的价格，你想多少钱买？"

（总感觉遇见过这样的场面）

小隆："啊，后提出条件的一方更有利，前辈，您打算多少钱卖给我？"

佐藤："渐渐上手了啊。虽然比售票点便宜，给你的话两张5万日元。”

小隆：“5万日元的话我无能为力啊，虽然女朋友喜欢，但是就我的工资来说不可能啊！”

佐藤：“卖给售票点也行，那就让你空欢喜一场了，3.5万日元总能拿得出手吧！”

（怎么办，3.5万日元的话倒能勉强拿出来）

佐藤：“那么，我声明啊，我并没有门票。”

小隆：“前辈，您真坏，我真的犹豫了。”

佐藤：“我想让你知道的是，最初的提示额很重要。”

小隆：“提示额？”

佐藤想通过向小隆出售门票这个模拟体验，让小隆明白最开始的条件提示很重要。

梳理一下两人的谈话和当时的情感。

佐藤：告知对方网上的价格，让对方先提条件。

（小隆以10万日元为基准值进行思考）

小隆：向对方询问价格。

佐藤：提示5万日元。

小隆：认为比基准价格便宜，但是提示自己拿不出5万日元的实际情况。

佐藤：让步到4万日元。

小隆：提示即使这样也拿不出来。

佐藤：再做出让步，提示3.5万日元。

（小隆认为从10万日元开始让步，已经很便宜了）

在这个案例中，想卖出门票的佐藤和想买到门票的小隆在相互的让步中寻求达到一致的结果。因为是相互让步，假如佐藤前辈即使是同意以3.5万日元卖出门票，如果不在让步的幅度上再增加少量金额的话，或许会达不到所期望的金额。

也许会有人认为，从高价开始的话很狡猾，那么请回忆之前买包的例子。用2万日元买原价3万日元的包，比以原价购买的满意度高。最开始不是提示包实际出售的价格，而是提示高于让步价格的金额，这样便达到了符合对方满足度的效果。小隆也是在听到10万日元之后，感觉到从5万日元、4万日元、3.5万日元的让步中得益了。佐藤也以预想的价格出售了门票，满足了双方的期待。

那么，如果从最开始佐藤就以最低限的3.5万日元作为提示的话，会怎么样？从10万日元降到3.5万日元，觉得自己很得意、很开心的小隆如果最开始听到的是3.5万日元的话，他可能会觉得比票面价格贵。这种情况下，他不会感觉到前辈的好意，也不会获得拿到票的机会。佐藤在小隆不买的情况下，可能也会将其卖给售票点，或者卖给其他的人。但是，他肯定会有很遗憾的心情——好心好意以低价让的票却不领情。实际上是从最低限开始的，但是结果却使双方都扫兴而归。

我想大家也明白条件提示要从稍微高一点的程度出发的道理了吧。那么，最开始以比较高的条件出发的话，票会怎么样呢？假如，佐藤以在网上看到的10万日元的价格做提示的话，小隆或许会有“太贵了”“真绝情”“真小气”这样消极的情感。最开始的条件绝对不可以过高。

条件提示会影响到对方的满足度以及沟通的结果。在沟通的场合经常会考虑为了促使沟通顺利进行、保持良好的人际关系，适当的条件提示到底是什么程度。

顺便提一句，小隆从和前辈的交往中明白了最初条件提示的重要性。佐藤前辈把小隆认为不存在的门票作为礼物送给了他。

以为不存在的门票实际上有，本来想出售的门票最终以礼物的方式送给了小隆，可想而知，小隆的满足劲儿又涨了几倍。这也是提示带来的效果。

『基本技能 4』

说得过多会不会降低对方的满意度？

向对方传达信息时，即使是一样的东西，也会发生价值增大，或者变小的情况。为了使对方满足，要记住控制信息的明确程度。

▼▼▼结果的“价值”随着信息的传达方法而波动

在沟通时，不能向对方撒谎。但是，在开始的阶段没有必要将所有信息都和盘托出，使自己陷入不利境地。

案例 5　通常老实并不一定正确

香织：“今天真的是太谢谢你了，我一直想看一场演唱会。这不仅是跳槽的庆祝，更是我一生难忘的回忆。”

小隆：“没事没事。”

香织：“但是，买票很难吧？”

小隆：“实际上是公司的前辈送给我的。今天，我用前辈教给我的沟通方法和新的合作商进行了商谈，因为进行得顺利，所以作为庆祝的礼物给我了。”

香织：“虽说是庆祝，但是实际上这张门票很难买到。”

小隆：“真的很难吗？”

香织：“嗯，非常。把这样贵重的东西送给你，莫非是那位前辈因为什么原因去不了演唱会了？”

小隆：“他倒是没有提任何事情。”

香织：“突然有什么事情了，或者是被想邀请的人拒绝了，不过说出真相倒不如开心地将其作为礼物送给别人更讨人喜欢。”

小隆：“前辈不是这样的人。不对，他还真可能是一个有那种想取悦别人的心思的人。”

佐藤为什么不把“放弃门票的原因”告诉对方呢？这样掌控那些虽然能告诉对方，但是不说出来更好的信息，叫作“控制信息的明确程度”。

或许佐藤不能去演唱会的原因是因为突然有出差的任务了。如果将这样的理由告诉对方，并且希望对方买的话，沟通会怎样发展？可能会有这样的感情作祟——“反正也是不能去的门票，便宜处理也是理所应当”。如果知道了“明天要去出差，今天之内必须处理掉”的话，你会怎样想？以更低的价格出售也是理所应当的。

信息的明确程度是决定沟通进程的一个重要因素，应该慎重地处理。虽然不应该说谎，但是也没有必要专门说出使自己处于不利地位的信息。

例如，你在国外的一家特产店问“这个多少钱”，对方或许会回答一个针对游客的高价。信息量不足是沟通的致命伤。但是，就算是因为刚到那个国家，不清楚它的物价，也没有必要向对方老老实实地说出实情。但是，如果是旅行的最后一天了，没有时间去逛别的店的话怎么办？只能选择在这个店里买了，交涉会陷入一种很不利的状态。但是，即使在这样的情况下也不要老实地说出没时间去其他店的实情。

向对方传达多少信息，传达到什么程度，还是根本不传达？信息的明确程度直接影响对方感受，有必要好好考虑。对方的心理波动对于沟通来说影响很大。不要忘了人们的判断往往是根据“感觉有点高”“觉得可以接受”这样模糊暧昧的因素决定的。

『基本技能5』

沟通是否总是存在『备案』？

在沟通的世界中有这样一条法则——只有一个选择的话会处于不利地位。在任何沟通中，为破裂情况准备一个备案B，都是一条铁的法则。

▼▼▼没有备案B的沟通处于不利地位吗

在沟通的世界中有这样一条法则——只有一个选择的话会处于不利地位。当跳槽的公司只有一家时，就算条件不好也要答应；公司内只有一个人能胜任A工作的话，即使该人态度再怎么恶劣也不能辞退他；在山顶渴得要命的时候，即使是1000日元的水也会买。

像这样在只有一个选择的情况下，有时只能放弃自己决定要坚守的底限。

案例6 是去价格很贵的酒店，还是露营

公司决定削减经费，小隆向负责公司出差事项的沃德打听降价事宜。但是，价格已经是打了折的，所以不可能再优惠了。一个月的时间在烦恼中流逝了。

佐藤："提出经费削减的想法，今天是截止日期了。"

小隆："已经跟负责我们出差事项的沃德沟通过了，但是不顺利啊！"

佐藤："着眼于高额的旅费和交通费这一点值得表扬。但是，沃德所负责的订票工作本来利润就很薄，沟通不可能像你说的那样顺利进行。先看看其他公司的预算吧。"

小隆："要是很难沟通的话，干吗不拜托常年有交往的沃德的公司，反而委托给其他没有打过交道的公司呢？"

佐藤："委托给一家公司的话就有问题。比方说你在国外找宾馆，那个岛上只有一家宾馆，而且住宿费非常高，那你该怎么办？"

小隆："那我就跟他们商量商量给我便宜一点，比方说住两晚便宜一点，或者不用换床单可不可以便宜一点等。"

佐藤："对，预备让步牌确实很重要。但是，即使有了让步牌，能住的宾馆只有一家的话仍然很不利，如果不能住在那里的话，只能露营了，你怎么办？"

小隆："即使很贵也要住！"

佐藤："是吧！如果附近还有家宾馆，那么要是有了'如果这么贵的话，我就去那家住'这样一张让步牌的话对方会怎样想？"

小隆："他们会想：'如果开价太高的话，客人会去其他的宾馆吧！'也不会很强硬，可能会把价格降到最低。"

佐藤："没错！"

小隆："只有一家宾馆的情况……不对，只能住在一家宾馆的情况。"

佐藤："是啊，长期的交往确实建立了比较好的人际关系，但是……"

小隆："我去看看别的公司的预算。"

沟通破裂时的备案 B 有三个作用。第一，在准备备案 B 的过程中找到别的解决方法；第二，沟通中不用慌张就可以搞定；第三，在沟通破裂时形成安全网。

备案 B 的准备也是寻找其他解决方法的过程，是为守护心灵开辟更多空间的过程，是守护自己底限的盾牌。

第 2 章　总结

1. 沟通准备的第一步。

☐ 从明确自己感觉的地方开始。

☐ 事先决定好自己的底限。

☐ 推测对方的底限。

2. 备更多的让步牌。

□ 事先写下要让步的地方和不能让步的地方。

□ 在没有找到的情况下可以制造让步牌。

3. 最开始提出条件的技巧。

□ 考虑沟通的进程，慎重地做好最开始的提示。

□ 从最低限开始的话会降低对方的满足度。

4. 信息明确程度的控制法。

□ 没有必要专门明确不利信息。

□ 明确信息的时机很重要。

5. 准备备案 B 的好处。

□ 容易找到其他的解决方法。

□ 有了备案，沟通时心里踏实。

□ 沟通破裂时不用慌张就可以搞定。

第3章

既不受损也不招人厌——沟通和人际关系的6原则

让别人无法拒绝你

『沟通与人际关系规则1』

沟通高手=做事强硬的人，果真如此？

会说话的人，强硬的人……这样的人很会沟通，你是这样认为的吗？其实，比这个更重要的是"好感度"。那沟通与好感度有什么关系呢？

▼▼▼通过沟通受益之人与受损之人的不同

沟通，是人与人的沟通，而且，判断是很容易受到感情影响的。在关于沟通的书中虽然很少涉及，但在现实中，"人际关系""权力制衡""人格魅力"等要素在平时的沟通中占有很大的比例。

拜托某人，他不肯帮忙，可是拜托其他人却很容易就答应了。大家都有这样的经历吧。

案例1　如果不考虑对方的立场，擅自决定……

小隆所在的部门为削减经费，将原本租赁费8万日元一天的会议室改为费用只需其三分之一的公共设施，用来给分店人员召开会议。

会议当天——

小隆正在进行准备工作时，管理大叔走了过来。

管理人："你们的负责人在吗?"

小隆以为出了什么事，出去后注意到大叔不太高兴。

管理人："是你们随便把一层写着'豪田刚志先生'的纸摘下来换成'××商社第四期会议'了吧。我们这里有规定，只能贴预约者的姓名，请你们马上换回来。"

小隆："……哦?不能换的吗?"

管理人："我们这里规定只能贴预约者的姓名。"

小隆："规定?用科长名字的话，分店人员不认识啊。"

管理人："规定是只能以预约者的姓名出借，所以张贴的纸也不能更换。这里是公共设施，如果更换的话不一定会出什么事呢。"

小隆："可是，不换的话大家都不认识啊。下次一定注意，这次您就通融一下吧。"

管理人："不行，这里是公共设施，你们必须遵守我们的规定。"

小隆："其他部门借了这个公共设施的××馆，他们就允许了。"

管理人："××馆怎么样我不知道，规定就是规定。"

小隆的说话方式让管理人感到不悦，不管小隆如何恳请，管理人始终不肯答应。

▼▼▼自己认为理所当然的事与对方认为理所当然的事是不同的

小隆的态度并没有很失礼，为什么惹管理大叔生气了呢？

小隆希望与会人员一目了然，于是在电梯前和会议室前贴了纸张。“仅此而已”，因此没有考虑对方的立场和大叔坚持主张的内在原因，只想让对方特别对待。他只是坚持自己认为理所当然的事情。

可是，从大叔的立场来看，管理公共设施是自己的职责，指导使用者遵守规定是理所当然的。因为如果有人不遵守规定，这就是管理人员的失职。如果对方为自己便利而违反规定，并坚持这样是正当的，那么管理人不会让自己冒险而对其特殊对待。

如果能多动脑，照顾到对方的立场和情感，大叔可能不会这么固执吧。小隆很为难，于是打电话向佐藤前辈求助。

案例 2　对付大叔要用年轻女孩子吗

小隆：“……就是这样，被管理大叔狠狠地训斥了。与会人员陆陆续续都来了，前辈，该怎么办呢？”

佐藤：“只能你去一层进行引导了。”

小隆："管理大叔也这么跟我说，可是，会场前台只有和我和总务爱美小姐，我不能擅自离开啊。"

佐藤："这样啊，是爱美小姐啊。你把电话给爱美小姐。"

佐藤前辈好像有解决方案。

爱美："喂，我是爱美。"

佐藤："爱美，不好意思，好像小隆的说话方式不太恰当，和管理人员发生了点小摩擦。不好意思，能不能请你去拜访下管理人员，跟他道个歉。现在对方比较激动，换个人说会比较好。如果像爱美这么可爱的女孩子能帮我们去道个歉，说声'对不起'的话，问题肯定能解决的。而且，我们想要更换纸张，但如果要说成很为难的话，这样效果不太好吧。"

爱美："可是，我们确实很为难。如果能同意我们更换，事情马上就解决了。"

佐藤："这种情况下，不能说自己为难，而说成不想给对方添麻烦比较好。如果爱美说'您这么忙，如果不时有迷路的人去您那儿咨询、给您添麻烦就太不好意思了'，大叔也没法拒绝啊。"

爱美："我可以吗?"

佐藤："当然了。公司里大家都说对爱美小姐印象很好。虽然说话方式很重要，但如果爱美小姐能帮我们的话，那真是如虎添翼啊。"

爱美："佐藤先生很会表扬人啊。好的，我去试试。"

爱美战战兢兢地走到管理大叔那里，用比以往更可爱的声音道歉。

爱美："打扰了，给您添麻烦了。我是××公司的。刚才真的是非常抱歉，很多迷路的人来向您咨询，给您添了不少麻烦吧？对不起。"

管理人："……哦？××公司？没有没有，没关系。"

由于爱美小姐的先发制人，管理大叔不自觉地说了句"没关系"。

爱美："大叔这么和蔼，真是太好了。您这么忙，还有那么多人向您咨询'会场在哪儿'，真是太失礼了，非常抱歉。"

爱美重复了一遍关键语句。

管理人："啊，没有没有。"

爱美："虽然我们不能违反规定，但我们也不能再给您添麻烦了……想跟您商量商量，能不能允许我们把纸更换几分钟？如果再给您添麻烦，我们真的很过意不去。"

管理人："没没，不用道歉的。只是这是规定……那下次你们一定要注意啊。"

爱美："好的。太感谢您了，太好了。"

看到爱美那么高兴，刚才满脸怒气的大叔也换上了笑脸。问题圆满解决了。由于更换了指示牌，没有产生任何混乱，会议圆满结束了。

（什么啊，女孩子好好去恳请的话就 OK 啦）

▼▼▼沟通非常不公平！理由呢

在沟通中，照顾对方的立场和情感这一途径是非常重要的。爱美表示了对管理大叔所处立场的理解，在此基础上说明了自己的请求，因此沟通成功。但是，途径是唯一的原因吗？想必大家也多少能感觉到，美女的请求、上司的请求、帮助过自己的人的请求等，由于沟通对象不同，经常会导致判断不坚决，或者大步退让。

在沟通时，有这样的原则——“如果某人对自己表示出好意，那我们很容易接受他的请求”。婴儿只要“哇”地哭起来，便会惊动父母和周围的人；任性的美女会让我们竭尽全力，这些都是因为这个原则。于是，可能会有人想：“什么嘛，就算学习了沟通的技巧，结果还是会受到喜欢或不喜欢这些情感因素的影响嘛。”

由于沟通对象不同，会导致判断不坚决，或者大步退让……确实，社会是不公平的，并且令人遗憾的是，沟通的世界也是非常不公平的，好感度高的、有权力的人会受益。因此，即使是同样的提议，会有人接受，有人拒绝。既然这样，我们就只能放弃了吗？

▼▼▼平常的“贡献”和“打招呼”可以使沟通顺利进行

为了不因权力关系、好恶感情而在沟通中受损，建议您平时就开始努力，让别人对自己有好感。具体来说，平时要注意到对别人有用的“贡献”并采取行动。比如打招呼之类的方法，虽说只是增加交流，但也可能会有很好的效果。

与没有人际关系往来、初次见面的人进行沟通时，关键是如何将立场从“沟通对象”进展到“××先生/女士”。

“人们面对不认识的人会变得冷淡”，虽然有这样的规则，但是相反，“人们很难对认识的人冷淡”。交流会让人们从不认识转变为认识，也会促进沟通的进行。

从下一部分开始，我们将详细介绍让初次见面的人对自己产生好感的具体技巧。

『沟通与人际关系规则2』

不知不觉『好感度』下降？

好感度可以用简单的方法提高；相反，也会在不知不觉中下降。周围的人觉得你“很讨厌”吗？

▼▼▼沟通中“好印象”很重要

社会中有人会给人留下好印象；相反，也有人会给人留下不好的印象。虽然有些人是初次见面，但总让人觉得彼此之间没什么距离；而有些人经常见面，却总让人有距离感。

这一点很重要，在这里重复一遍，在沟通时，如果对方对自己有好感，那是非常有利的。说到“好感”，也许你会觉得这是人生来就有的天性，然而，通过分析人们会在何时感觉到“印象好”、何时感觉到“印象不好”，我们会发现，任何人都可以给人留下“好印象”。

许多企业进行如宾馆培训、空姐培训、主题公园培训等让员工掌握具体待客技巧的培训，使其提高待客质量。为什么要从珍贵的收益中拿出数十万日元的经费去培训员工呢？这是因为企业管理者们都很清楚，即使做事时为对方考虑，但如果没有掌握要点，也可能会使对方感到不快。

案例 3　有好感度和没有好感度

小隆因为企划书的事情被科长狠狠地批评了。虽然科长的理由是这个企划书与去年负责人所做的很像，但也不至于如此生气吧，小隆难以理解。他没有打算马上重新写企划书，而是决定去总务部拿透明文件夹，调整下心情。

小隆："爱美，请给我 100 个透明文件夹。"

爱美："一时没有那么多哦。"

小隆："突然有说明会，马上就要。"

刚被科长训斥了的小隆，对不相关的爱美也不客气了。

爱美："干吗这么严厉，没有就是没有。我马上去预定，最晚明后天给你拿过去。"

（明明急用，还说明后天……）

着急的小隆大声叹了口气，以至于整个办公室都能听到。

爱美："看着你那表情就让人不舒服，又不是我故意欺负你……"

小隆："我表情怎么了？啊，对了，像佐藤前辈那样帅气的人比较好嘛。总务也偏心啊。"

爱美："什么，偏心？"

小隆："之前开会的时候不就是吗，前辈拜托你说突然需要 100 支圆珠笔，你不是准备好了吗？"

爱美："什么！"

爱美很为难，正在这时，被称为"局长"（爱唠叨的资深女职员）的山口前辈过来支援爱美。

山口："话说，佐藤先生可不像小隆总是拜托人帮忙，平时见到我们也经常打招呼呢。不那么装神气，也不会给我们摆脸色看，所以不知不觉可能我们就很高兴地招待他了。"

"局长"一边故意提高声音，一边将订单的存根给了小隆。

▼▼▼提高好感度的 3 种非语言交流

面对自己有好感的人的请求和没有好感的人的请求时，对待方法不一样，这是很自然的事情。像科长那样可能虽然没有恶意，但总冲人大吼大叫很明显会让人降低好感度。而大家有没有像小隆那样，不知不觉中让人降低了好感度呢？

叹气、摆脸色、咋舌、沉默、声音变小……除了语言，人们向对方传达着很多信息。这些非语言交流麻烦的地方就是在不经意中向对方传递消息。不经意中，无趣、讨厌、疲惫、没干劲儿等消极信息都可能传达给对方。虽然很努力，但是看起来没有干劲儿……这样的人可能很有必要去重新审视自己传达的这些非语言信息。

“不知道为什么，就是不喜欢”，大家有没有这样的感觉呢？这个“就是”本质上就是非语言交流。在还没有注意到这种交流的重要性时，受损的人不知道有多少呢！如果下列 3 种最基础的交流方式能够成为你的习惯，那么无意识中表现出来的非语言交流是可以改善的。

1. 寒暄。

2. 笑脸。

3. 反应。

虽然你可能觉得这些太理所当然了，可是，你可能因为害羞而觉得没有必要特意去寒暄，有没有这样的情况呢？在无意识中有没有表现出冷淡的表情呢？在别人说话时会不会经常有回答、应声、吃惊、大笑这样的反应呢？有时仅仅是平常的寒暄、闲谈等简单交流，不知何时就会和对方成为朋友。

与没有好感的人相比，有好感的人的言行更容易让人觉得正确，让人觉得得体。这是我们人类的一个特质。如果你有提出好建议而没有被接纳这样的烦恼，那建议您体验这 3 种能提高好感度的习惯。

很神奇，当时表现出笑脸时，你很难生气，也不会找人麻烦。笑脸也可以防止我们说出冲动的话。在谈话中做出反应，是“我认真听对方的话呢”的一种表现，积极一点吧！

▼▼▼因为一件服装可以提高好感度和信用度

服装也是非语言交流的一种，是信息传递的通道。人的判断往往会受到外观的影响。沟通时，人们也很重视服装，据说国外的律师事务所在进行重大沟通时，全体人员会协商统一穿着黑色服装。

在考虑外表穿着端庄之人的发言和相反之人的发言哪个更有可信度时，相信你很清楚服装也是无法忽视的因素。甚至还有调查数据表明，容貌风姿得体的人看起来更优秀；也有实验结果表明，容貌风姿不同会影响判断结果。

说句题外话，银座的女招待被认为是很聪明的。当然她们由于工作需要，可能与许多经营者交谈，所以许多人勤奋学习，这也是事实。但是，人们很大程度上也受到了好感和外貌产生的“认知歪曲＝偏爱的目光”的影响吧。工作是女招待，再加上爱寒暄、笑脸、反应、端庄的衣着等因素，这些都会产生辅助效果。

寒暄、笑脸、反应这3种习惯再加上外表，这些不仅是为了在沟通中不受损，对于那些别人的评价会影响自己人生的商业人士来说，也是非常重要的。

『沟通与人际关系规则 3』

『不就是寒暄嘛』，你这么想过吗？

沟通会左右人际关系。因此不招人厌恶的寒暄和让人感觉亲近的自我介绍是很必要的。

记住那些关键而简洁的规则吧。

▼▼▼因为简单，才确实想付诸实践

说沟通会左右人际关系并不夸张。

为了创建更好的人际关系，第一步要掌握寒暄和自我介绍的简单规则。虽然寒暄和自我介绍很简单，谁都可以做，但是有不少人会犯一些不该犯的错。只要掌握了时机和窍门儿，就不会犯错了。

案例 4　总是错过寒暄的时机

小隆去 D 商店商谈，与买方的保坂先生正在谈话。

保坂：“最近顾客的喜好渐渐趋向细分化，很让人头疼。

这个商品非常不错，但是如果颜色不再多些的话恐怕不行啊。”

小隆：“那我们把3种颜色增加为7种，您看可以吗？”

在谈话深入进行的时候，买方店长石田先生从保坂身后经过。石田店长和小隆的上司豪田科长在学生时代一起打过橄榄球，在他们与D商店进行交易时也总是尽量帮忙。他是很重人情的人，平时对豪田科长的部下小隆也很关照。

（啊，是石田先生。要不要打招呼呢？但是在谈话时起身打招呼，会不会让人觉得为了赢得好感而故意这么做的呢？和石田先生也很久没有见面了，很难开口啊。对，商谈结束后去再打招呼吧）

保坂：“您回去的时候顺便去看看该商品相关的展览吧。”

小隆一边被带着参观店铺，一边听取店方的要求。最后，参观的卖场离出口非常近，买方人员把他送到了这里，于是他就直接回公司了。

（石田先生一定很忙，而且特意返回去又觉得有点……距下次会面也没多长时间了，下次再去打招呼吧）

一个月后。

小隆：“保坂先生，您能喜欢我们公司的色彩变换，真是太好了。”

保坂：“客人也一定会很高兴的。那下个月开始就拜托您了。”

小隆：“好的。对了，我想去和石田先生打声招呼，他今天在吗?”

保坂:“店长去总公司了，今天不回来了。需要我转达什么吗?”

小隆:“没，我只是想打声招呼，下次吧。”

既然不在也没办法，小隆就直接回公司了。虽然心里感觉有点过意不去，但也别无他法。

到了下个月，小隆终于见到石田店长了。

小隆:“啊，石田先生，您好。一直以来承蒙您的关照。”

以前石田先生总是停下脚步和小隆进行交谈，可是那天只是匆匆寒暄了一下就过去了。小隆当时没有注意到氛围不对，可是这以后每次见石田先生时，他总感觉有种说不出的距离感。

▼▼▼简单的法则——“寒暄要先发制人”，“自我介绍要后发制人”

虽然就是寒暄而已，然而就是寒暄，可能只是由于某个时候没有做到，就会被认为“不知怎么感觉不好”。“没跟我寒暄”“没跟我打招呼”而因此留下芥蒂，大家有过这样的经历吗？石田店长肯定也不是生气，可能是由于没有跟他打招呼，心理上很难和小隆交流了吧。有时确实会因为一些微小的事情产生距离感。

时机不对、胆怯、不想被人认为在表现……也许你会有很多理由，但无论有什么理由，最好是在看到对方的瞬间进行寒暄。在寻找随后再寒暄的理由之前，养成反射性地进行寒暄的习惯，可以避免一些本不该有的不愉快。

另外，社会中有些人会因为对方没有先跟自己打招呼而不快。这种情况通过简单的寒暄就可以避免，请记住，先打招呼的人必胜。

相反，后进行自我介绍比较有优势。人们很容易对和自己有相同点的人有好感，而这是人的又一个特质。大家也一定有这样的经历吧，会对和自己出生地、学校相同以及兴趣相同的人产生亲近感。

为了传达“我和你有这些相同点”，在听完对方的介绍后，后发制人，自我介绍中可以强调和对方的相同点。当然不能撒谎。如果能多考虑将自己的什么特点放入自我介绍中，可以缩短与对方的距离。

“寒暄要先发制人”，“自我介绍要后发制人”。虽然这些是很简单的规则，但遵守这些规则就会让你降低在交涉中受损的风险。

『沟通与人际关系规则 4』

有没有让人觉得你『没在听人说话』？

有的人，虽然自己努力听着，但让人觉得他没有在听人说话。我们将为你介绍任何人都可以做到的 3 种听话方式。

▼▼▼“听人说话”与沟通的关联性

与食欲、睡眠欲相同，“承认欲求”也是人本能的一种欲求。承认欲求是指想得到人们认可的欲求。人们很容易对能够满足自己这种欲求的人产生好感。好感与沟通的关系我们已经很清楚了吧。认真听对方讲话，无论是在收集信息方面，还是在赢取好感度方面都是非常重要的。

案例 5　你虽然“认真听着”，却没有传达给对方

科长：“你这家伙，在听别人说话吗？”

科长低声的训斥传遍整个房间。

小隆：“什，什么……我一直在听着啊。”

科长："什么！你这家伙不仅把人都当傻瓜，连诚实地道歉都不会吗？"

在如此紧张的氛围中，连佐藤前辈也不支持小隆了吗，竟和科长一起高声说话。

佐藤："小隆，你又那样了。跟我来一下会议室，我有话跟你说！"

小隆本来是很认真听科长说话的，对突然训斥自己的科长和佐藤前辈，他难以理解。小隆心里很不是滋味儿，跟着前辈来到会议室。

佐藤："唉，科长非常生气。"

会议室的门刚关上，佐藤前辈像对待调皮的孩子一样对小隆说。

佐藤："你都做什么了？"

小隆："像平常一样听着科长的训诫，他突然就生气了。"

佐藤："你很不会听人说话啊。我有时候也会想，'这家伙没干劲儿啊'，'是不是讨厌我啊'。"

小隆："怎么可能？被关系最好的前辈这么说，我……"

佐藤："听人说话和看上去在听人说话是不一样的。有时候虽然在认真听，可是会给人相反的感觉。"

小隆："这么说来，我女朋友也经常说我'你在好好听我说话吗'。"

小隆的脑海里浮现出被香织责备的场景。

▼▼▼ 3 个诀窍让你成为善于听人讲话的高手

也许你也像小隆一样，让人觉得你“没有听人讲话”。虽然自己努力认真在听，可是别人却看不出来。这只是因为你没有掌握听人讲话的诀窍，而这是可以立即改正的。

特别是沟通的时候，尽力认真听人讲话是非常重要的。接下来将为您介绍 3 个能够向对方传达“我在很有兴趣地听你讲话”这种意思的诀窍。

1. 为表示认同对方的话语而应声。

不是默默听着，而是适当地加入“原来如此”“明白了”“确实是这样啊”等这样的应声。

【期待效果】

不仅可以向对方传达“我正在听你讲话”这样的信息，还可以使谈话顺利进行，在重视信息量的沟通中会更有利。由于人们的“承认欲求”得到满足，因此可能会更容易让对方产生好感。一旦产生好感，就会对对方所说的话产生不一样的感觉，判断便不会那么严谨。

2. 提出能够拓展话题的问题。

“你经常与那位前辈在一起吗?”“在公司内还有其他关系比较好的人吗?”类似这样，对谈话的具体内容或者相关的事情进行询问。

【期待效果】

可以传达出对对方的话很感兴趣的意思。这样可以获得更为详细的信息，在沟通时尤为有利(沟通的原则之一是消息多更有利)。

3. 重复对方话语的句尾。

重复对方讲话的最后一部分来应声。例如：

“昨天我以为被科长训斥后还要被前辈训斥，其实是为了袒护我才把我从科长那儿带了出去。前辈很少那么大声说话，真是吓我一跳。”

“确实吓人一跳啊。”

【期待效果】

可以传达出理解了对方话语的意思。在提不出好的问题、对讲话的内容不是很理解的时候，可以作为投机取巧的手段。

交涉中善于“听”的技巧

①应声 “原来如此。” “明白了。” “确实是这样啊。”	⇨	效果 向对方传达“我正在听你讲话”的信息，使谈话顺利进行
		＋
②提问 “经常……吗？” “那个××是××吗？”	⇨	效果 传达出对对方的话很感兴趣
		＋

③重复句尾 “是××呢。” →“是××啊。” “做了××事” →“做了××事吗？”	⇨	效果 传达出理解了对方的话语

‖

可以得到更多的信息，因此对沟通有利

CHECK

☑熟练使用这3种听话方式，你也会成为“善于听人讲话的人”。

▼▼▼使对方心情愉悦的听话方法——“银座三语”

听话方式使用得当的话，会收集到更多信息，这在交涉时有很大价值。例如，假如你想买朋友的笔记本电脑。朋友最低想卖多少钱(保留价)，有没有其他人跟他说过这事，会不会选择不卖(计划B)，为什么想卖呢(缺钱或买了新的个人电脑，因此不需要了等状况)等。如果知道了这些消息，你将在沟通中处于有利地位。事前要尽量收集信息，而那些打听不到的信息则要需要当面询问，因此一定要准备好问题。

作为参考，我们来介绍下善于听人讲话的女招待为了与客人愉悦交谈所使用的技巧。

在银座的酒吧人们经常使用的技巧被称为“银座三语”。

第一，“是这样啊”。这样应声说话，不仅是认真听对方讲话的一种表现，而且无论是对内容好的话还是对内容不好的话都可以使用，非常方便。没有听到说话内容时，由于多次询问会产生不好的效果，此时也可以使用这句话。

第二，“好厉害啊”。这句话表示听了对方的话很吃惊，也可以表达出对说话人的尊敬。由于人气高的人经常使用这句话，因此流传开来。在职场如果小声自语“到底是……啊”，不会损坏你的好形象。

第三，“请告诉我吧”。针对对方的谈话，提出问题，例如：“您经常去那家店吗?”“都有什么东西呢?”这些话既可以传达出对对方的话很感兴趣，还可以使谈话深入进行下去，所以谈话可以长久维持下去。

从某外资企业的顾问那里听说，在从经营者那里收集信息并提供战略性建议的顾问中间也流传着三句常用语。令人吃惊的是，这三句竟然和“银座三语”相同。使对方心情愉悦地谈话进而收集信息，也许是因为这些在构建人际关系时是万能的。

▼▼▼“万宝槌”必杀技

说话人只有一个，而听话人很多的时候，或者对上司、同行不能应声、提问的时候，“万宝槌”技巧很好用。

你知道“万宝槌”吗？只要一挥就会有很多宝物出来，是非常好的工具。在挥动万宝槌时，如果是你，你会怎么挥呢？可能会上下挥动吧。在银座的酒吧，如果有女孩子插不上话，她们会被告知要“先点头”。人们告诉她们，总是微笑着点头会给人留下好的印象，还会收到礼物，也就是会得到宝物。

心理学有个非常有趣的实验，调查听人讲话的时候点头和不点头。据说点头的人会让人觉得很有智慧。既不花钱也不费劲，只是“点头”就可以让人感觉有智慧，何乐而不为呢？

如果是商业人士，想必大家都会很自然地熟练使用“听话技术”，不过从今天开始，对身边重要的人使用吧。我们在与上司、客户、同事交往时会比较注意，可是却很容易忽略身边的家人、朋友等本应该必须重视的人，不是吗？我们最需要重视的应该是身边的人。你可能会害羞，但是从今天开始，同时作为一种练习，对身边的人也运用上述“听话方式”吧。肯定会有意想不到的效果哦！

『沟通与人际关系规则5』

没有恶意却惹对方生气了？

在对方比较冲动时你会如何应对呢？首先应该做的是表达出“我在听你讲话”的意思。最大限度地使用非语言交流吧。

▼▼▼对方生气时同样可以使用“点头”的方法

在沟通中经常会遇到对方冲动的情况，因此需要提前了解应对方法。在听人讲话的技巧中，我们为您介绍了“点头”的方法。人们认为，点头可以使冲动的人镇静下来。

可能会有人担心，点头后会不会顺着对方的步调走。其实，认真听对方讲话和附和对方步调是不同的。如果你没有表现出听对方表达不满的诚意，会使情况恶化；理解对方产生不满、心情不悦的缘由，可能会让你找到解决问题的突破口，因此认真听着吧。

案例6 火上浇油的“听话方式”

难得的一个没有任何安排的休息日，小隆正在家里悠闲地看电视，突然被妈妈的声音吓了一跳，不小心把手里的咖啡洒了一地。

妈妈：“小隆，你怎么总是乱扔东西……偶而也打扫打扫！”

咖啡洒了，小隆正在气头儿上，但他忍着火气回答。

小隆：“好的好的，知道啦。”

妈妈：“妈妈每天都要打扫，你设身处地地想想！你今天要是还不收拾，我就把客厅里你的东西都扔了！”

（一大早就这么啰唆）

小隆想说什么但又忍住了，想等妈妈怒气平静后再说。

（这时候不能冲动，忍耐、忍耐）

小隆想冷静下来再去收拾。可是妈妈看到他仍在继续看电视，丝毫没有在意，于是声音更大了。

妈妈：“喂！你在听人说话吗？”

小隆：“听着呢！”

妈妈：“……适可而止！”

妈妈一边大声说，一边关掉了电视。小隆本来想用心对待长辈的，却好像反而惹妈妈更生气了。

▼▼▼“好好听着呢”的传达方法

小隆的妈妈为什么如此生气呢？是因为小隆看起来没有在认真听妈妈说话。

在对方冲动的情况下听他说话时，不要像前面介绍的那样只是应声，而要一边注视着对方，一边点头。听对方说话的时候看着对方，并不时点头。如果不使用这种非语言交流方式的话，就无法向对方传达出“我在好好听你讲话”的意思。

在对方冲动的情况下回答对方时，要注意放慢语速，同时要恭敬。这样一来，对方也很难说出很过分的话。应声、询问等适用于平时听人讲话的情况，对方生气的时候使用可能会有负面效果，所以我们要多加注意。

同样是对方很生气的时候，如果他用大声说话来威胁你，你可以先表示出自己很生气，然后再恭敬地听人讲话，这个方法也不错。对待用大声威胁的方式沟通的人，或者是经常大声训斥人的上司，如果用非常恭敬的方式可能反而会将事态恶化。

这时候先让对方看出自己也在生气，表现出“我不怕你威胁”的姿态，然后再恭敬地对待，这样很容易和对方进入商议的状态。

虽然“点头”可以传达出你在认真听人讲话，也可以对生气的人起到镇静作用，但仍然需要注意以下几点：过分点头可能会让人感觉没有诚意，或者可能会表现出自己很容易理解对方的暗示；在清楚自己使用非语言交流技巧的同时，须注意不要过分让步，要灵活运用。

『沟通与人际关系规则6』

说『No』会让你觉得很内疚？

有很多人无法说“No”，认为自己稍忍耐即可。但是，情况不同，你也许无法向对方传达出你在忍耐。不仅如此，甚至有可能恶化人际关系。

▼▼▼不说“No”真的是为对方好吗

有些人，也许是出于“想让对方有好感”或者“想做好人”的想法，无法很好地表达出“No”。即使对方对自己做了不好的事情，也很难表达出“只要自己稍微忍耐……”这样的心情。如果感觉到两人关系即将破裂，那么选择逃避谈话这样的忍耐并不一定会带来好的结果。

案例7　知道你想做好人

邻近部门到小隆所在的部门来寻求支援，原因是派往T公寓销售处的人手不足，希望得到帮助。小隆心想“又是这个啊……”，但邻近部门的山田科长很强硬，很难拒绝。

山田科长："小隆，谢谢你之前去支援 A 公寓销售处，真是帮了我们大忙！真的不好意思，这次 T 公寓销售处也需要你帮忙去支援下，因为我们部门和商家人手都不够。"

小隆："实在对不起，我们部门您也知道，正是忙的时候……"

山田科长："知道你忙，所以只需要两天就可以了。"

（什么？要两天？真是厚颜无耻……）

山田科长："小隆还是给 T 公寓销售处的工作人员一点面子比较好啊，拜托了！"

小隆没有办法，同意去支援。因为正在忙于准备新项目，他把自己的工作带回家里做，做不完的地方就请佐藤前辈帮忙，这样才勉强挤出时间，总算是度过了这艰难的两天。

数周后——

邻近部门的科长又来找小隆。

山田科长："T 公寓销售处的工作人员都非常欣赏小隆的工作状态。由于临时有点情况，还得支援一天，对方一定要请小隆去呢。"

小隆："您能这么说我很高兴，可现在我自己的工作都忙不过来。"

山田科长："你别这么说啊。和销售店的人员保持联系才是我们的重要工作，不是吗？"

眼看小隆被山田科长牵着鼻子走、快要接受的时候，佐藤前辈看不下去插话了。

佐藤："山田科长，小隆是因为尊敬科长才不好意思拒绝您，他很为难。现在确实我们自己的工作都忙不过来。"

山田科长："很为难？可小隆一次也没有拒绝啊。"

佐藤："我想您也知道，我们部门刚刚开发了一个新项目。要是没有小隆，我们工作也很吃力的，因为是山田科长的请求，我们也和小隆一样，想尽力帮您。可是，一整天小隆都不在，我们整个部门都会很为难的。实在不好意思，您这次找其他人可以吗？"

山田科长："这样啊，这是和销售店那边维持关系的好机会，我原以为小隆肯定会很乐意的。"

佐藤："小隆确实本应该跟您说清楚的。等项目稳定下来后，还希望您能允许我们给您帮忙，到时候还请多多关照啊。"

虽然小隆本来是为了公司牺牲自己，但他好像没有意识到"不说'No'的责任"。小隆没有将情况说清楚，也没有向山田科长表达出自己很为难。不仅如此，因为自己接受了山田科长的请求，反而给本部门的同事添了麻烦。这样一来，无论他多么勉强自己、多么努力工作，都没有人会感谢他的。

▼▼▼重视人际关系的同时，要会说"No"

有时自己竭尽全力忍耐，可是别人却体会不到。如果为了自己不受损，也为了提高对方的满意度而做出了让步，那就把它传达给对方吧。

但是，如果有一方处于忍耐的状态，那两人的关系很难长久维系下去。如果你想长期维持良好的人际关系，不仅要尊重对方，重视自己的想法也是很重要的。也许你会担心，说了“No”会不会影响两人的关系，其实只要注意传达的方式，是不会让人觉得失礼的。

在说“No”时，为了不给对方留下负面印象，请注意以下3点。

1. 向对方表明我很重视你。

人际关系破裂不是因为说“No”，而是觉得自己没有得到对方重视。在拒绝对方时向对方表明，我很重视你。

例：“正是因为是你的请求，我很想为你做些什么，可是我……”

2. 说明拒绝的理由。

拒绝对方时，告诉对方自己为什么不能帮忙，而不是单纯的拒绝对方。有心理学研究表明，同样的请求，说明理由和不说明理由的接受率是不同的。

例：“真是非常抱歉，现在正是月末最繁忙的时候，所以无法参加了。”

3. 提出代替方案。

比起单纯拒绝对方，提出代替方案更显善意。

例：“这次虽然帮不上忙，等到月初的时候还是可以的，您需要的话打声招呼。”

被无情地说“不行”和被告知“正因为是您的请求，我很想为您做点什么，可是因为××我这次不能为您效力了，您好不容易让我帮次忙，真的很抱歉。下个月工作可能就稳定了，如果您到时候有什么需要帮忙的地方尽管告诉我”，你对这两种拒绝方式的印象如何？

虽然同样是说“No”，但给人留下的印象却完全不同。语言表达不充分的话，很可能让对方觉得你在否定他。恭敬地说“No”，是为别人考虑的成熟的表现。不仅在职场，在私人生活中同样也可以使用，试试吧！

▼▼▼无论如何不能说“No”时的秘密技巧

沟通时无论如何也不能说“No”的时候，可以使用非语言技巧。例如，在进行价格沟通时，对方提出的金额太低。

对方：“这次我们出的价格是 10 万日元。”

你：“哦？”（非语言交流＝不直接说“No”，而是要表现得很吃惊）

对方：“啊，这个价格确实有点低啊。”（对方自己让步）

交涉很难进行下去，向对方这样传达已经是极限了。

你：“……”（什么也不说，一边叹气一边合起笔记本）

对方：“明白了，那我们就勉强接受你的条件。”

像上述那样，无须直接说“No”就可以让对方明白自己的意思。“您如果能……”对方提出让人不可能接受的条件时，从实质上拒绝的“含沙射影法”，也是不直接说“No”而拒绝别人的方法之一。但是，即使是拒绝了对方的请求，或者沟通破裂的时候，为了在下次见面时能够笑颜相对，结束时要使人心情愉悦。这是必须严格遵守的原则。

第 3 章　总结

1. 为在沟通中受益必须提前知道的事。

□沟通受权力制衡和好感度、人际关系的左右。

□注意平时的行为，要提高别人对自己的好感度。

2. 为提高好感度而有必要养成的习惯。

□要经常注意寒暄、笑脸、反应。

3. 寒暄和自我介绍的重要之处。

□在对方进入自己视野时立即打招呼。

□自我介绍要后发制人，寻找与对方的共同话题。

4. 向对方传达“我在听你讲话”。

□通过应声、询问、重复可以获得有用的信息。

□如果对对方的话感兴趣就表现出来吧。

5. 可以起镇定怒气效果的非语言交流。

□对待愤怒中的人要善于使用目光接触和点头。

□开始要先表示自己同样很生气，然后再恭敬地交流。

6. 给对方留下好印象的“No”的说法。

□为了维持良好的人际关系，有时说“No”也很有必要。

□根据如何看待对方、理由、备案这 3 点来说“No”。

第4章

马上可以使用的5种实战技巧

让别人无法拒绝你

『实战技巧 1』

沟通时全都要依靠临场发挥吗？

据说沟通成功与否的因素八成取决于事前准备。也就是说，如果事前做了充分准备，胆怯的人同样可以很好地进行沟通。

▼▼▼胆怯的人必须要做事前准备

沟通成功与否是由事前准备的程度决定的，这么说并不过分。你需要确认保留价、沟通余地、可让步之处和不可让步之处、制定备案 B 等。如果没有这些事前准备，无论是多么善于沟通的人，都很难得到好的结果。相反，如果做了充分的事前准备，胆怯的人也很容易较好地完成沟通。

案例 1　提前准备占 80%，必须准备好的事是什么

小隆前段时间由于开发新项目而非常繁忙。本应该预订 20 个集装箱，结果错误地预订了 40 个，比计划的多了一倍。小隆很慌张，想要退货，可按照惯例由于是进口货物，无法退货。

小隆很着急，于是决心要拓展新客户。

今天要与某折扣商店进行商谈。对方说如果价格合适，可以大量购买。

（今天下午要商谈啊。无论如何也很想达成协议，可是好不安啊）

佐藤："小隆，你脸色不太好，没事吧？"

小隆："这次给前辈和科长添了这么大的麻烦，我一定要解决好。下午就要商谈了，可能是太在意了，反而有点不安啊……"

佐藤："紧张可以理解，可是真正商谈时，临场能做的只占20%。商谈成功与否，事前准备占80%。只要好好准备，肯定没问题的。"

佐藤前辈做了些笔记，交给了小隆。

优先条件：

即使要做出很大的让步也要尽量让对方购买。但是不能接受过于苛刻的条件。

保留价：

一只集装箱2万日元，低于该价格不卖。

沟通余地预测：

2～2.8 万日元，单价尽量定在 2.5 万日元。

提出条件：

询问对方出价后，我方预计提出 3 万日元。

使对方让步条件：

交货方式可按对方要求。

外部包装箱、交货日期也可遵循对方要求。

不能让步条件：

不能以过低价格卖出。

无法达成一致意见的替补方案 B：

接下来去××百货店。

佐藤："关键的地方一定要写下来才可以啊。在商谈时如果眼看要无法达成协议，那么有这些笔记也许可以让你坚定自己的主张，或者说像护身符一样。接下来认真模拟几遍就没问题了。"

小隆："模拟练习？"

佐藤："嗯，事先预想对方会说什么，考虑该如何应对。提前想好如果对方那么说了，我该如何回答，这样会减少沟通不顺利和口误。"

小隆："嗯，确实，如果提前准备好的话，当场就不会太慌乱。今天要去进行商谈的折扣店，可能会以大量购买为条件让我们降低价格。恐怕他们会提出很低的价格，接着可能针对价格进行沟通。"

佐藤："已经预测到这一点，就很容易找到对策了。"

小隆："嗯，是的，我会努力的。"

▼▼▼比临场失败更恐怖的是……

不善于沟通之人最容易犯的错误，不是临场沟通失败，而是准备不足。其中也不乏连自己的主张都不明确就去沟通的猛士，这是不可能得到预期结果的。如果只是想顺其自然，那很容易受对方左右。因此，请提前做好充足准备。在平常沟通时，准备的最低限度为：

● 沟通条件为一个以上时，要清楚哪部分应该优先考虑，必须清楚优先顺序

● 决定让步的底限，即保留价

● 通过收集相关信息，预测沟通大体在什么范围内进行，即预测沟通幅度

● 明确可以让步的条件和不可让步的条件

● 尽可能多准备些让对方让步的条件

● 提前考虑提出条件的时机

● 准备沟通不顺利时的其他选择，即备案 B

沟通从准备阶段就已经开始，临场能做的事很少。

沟通前应做的准备事项：

例：即将与新开折扣店进行沟通的小隆

①此次商谈需最优先考虑的条件？

小隆：即使要做出很大的让步也要尽量让对方购买，但是不能接受过于苛刻的条件。

②让步的底限？（保留价）

小隆：一只集装箱2万日元，低于该价格不卖。

③对方的期待？

小隆：对方以量大为由想低价购买。

④无法让步的条件？

小隆：不能以过低价格卖出。

⑤可以使对方让步的条件？

小隆：

- 交货方式可按对方要求
- 外部包装箱、交货日期也可遵循对方要求

⑥由哪方提出条件？开始的时机？

小隆：询问对方价格后提出我方价格3万日元。

⑦无法达成一致意见时的备案B？

小隆：去××百货店。

CHECK

☑交涉成功与否与事前准备有很大关系。胆怯的人更要认真进行事前准备。

『实战技巧 2』

利益稍受损，可以取悦对方的方法是？

沟通时要学会“有效的让步方法”。请记住，小让步＝稍受损，有时受损反而可以获得数倍的利益。

▼▼▼取悦对方的让步技巧

沟通，是双方提出自己的主张后，互相让步直至达成一致意见。但是，有时候即使损害自己利益向对方做出让步，对方也不会心存感激；有时候在无所谓的事情上进行让步，反而让对方很高兴。“被让步”的感觉会因印象、感情不同而不同。

无论如何都要让步，那何不在让步时让对方提高满意度呢？学会这个技巧不仅能改变沟通的结果，还会改善人际关系。

有效的让步 3 法则

1. 多次重复。

2. 渐渐缩小幅度。

3. 强调“因为是你才让步”。

假设，小隆向对方提出的价格为300万日元，而对方希望价格再稍低些。价格定为250万日元的话刚刚能获利，也就是说可以讲价的额度为50万日元。此时，如果轻易答应对方，降价50万日元，那对方可能会感觉“也许还能再降”“才只降50万日元”。让步时要分成多次，渐渐缩小幅度，这是基础。

300万日元→250万日元

300万日元→270万日元→260万日元→255万日元→252万日元→250万日元

分多次让步不仅可以提高对方的满意度，随着幅度减小，也会让对方感到“已经不能再让了”。比起轻易进行让步，如果能向对方传达出“因为是你才让步”“虽然困难，但在努力让步”的意思，可以进一步提高对方的满意度。也许会有人说我不喜欢这样演戏，可是，印象不同，也许你努力让步却无法让对方感到高兴。总之都要让步，何不再费点心让对方高兴呢？

案例2　正是由于不知道让步的技巧……

终于与折扣店开始进行商谈。

一切准备妥当，可是如预想的一样，双方在价格上不能达成一致意见。

负责人："300 万日元，肯定不可能的。"

小隆："那 270 万怎么样？"

负责人："不是说那个价格。我说可以全部购买，如果全部购买的话什么价格？"

小隆："那……一只 3 万，乘以 625……价格优惠到 1630 万，怎么样？"

负责人："你们有那么多库存，仓库使用费也很高吧。你不应该这么在意利益，而是应该尽快找到肯全部购买的客户来尽量减少损失，不是吗？"

小隆很是吃惊。对方竟从自己的回答中得知我方库存过多。"这下完了！"小隆心里七上八下。

小隆："话虽这么说……正因为如此，才不能以过低价格转让。"

负责人："你还真是认真，不错啊。不过，如果我们不肯购买，下一家也不肯，再下一家还是不肯收购的话，你会没法继续经营下去的，给你支付工资的公司也会一天又一天地承受损失。商品如果错过了最佳出售时机，就越来越卖不出去了。经营不是要考虑卖出的价格，而是要考虑未售出这段时间公司会蒙受多少损失。"

（可能确实如此……）

小隆几乎要不由自主地点头，这时想起了佐藤前辈让他带来的笔记，于是想一定要坚定自己的立场。

小隆："虽然我很想请您购买，但我们无法以您出的价格交易。不过，在其他方面，比如外包装箱和交货日期等，这些我们会尽量按照您的希望来做。希望您能再认真考虑下价格。"

负责人："嗯，你们还有这个优惠条件啊。当然我们希望你能那么做。看你也很为难，我们 600 万日元全部购买如何？"

（糟糕，多次让步还是很勉强）

尽管为保住底限进行了多次让步，但小隆被对方气势压倒，从一开始就让对方看到了自己手中的"牌"，结果最后很大的让步被对方认为是理所当然的权利。最终小隆没能使对方做出让步，商谈破裂了。

▼▼▼可以让对方高兴，并且自己可以得利的让步的秘诀

小隆过于诚实地回答对方。从一开始就让对方得知自己正为库存过多发愁，使自己在商谈中处于不利地位。如果让对方得知自己不利的信息，很难让对方做出让步。在确信对方很重人情时，或者由于双方互相试探导致商谈无法进行下去时，有时也会有计划地适当向对方透露信息，但通常一定要慎重把握所透露的信息，这是最基本的。虽然小隆回答了对方的提问，但我们还是要尽量避免对自己不利的提问。

还有一点令人遗憾的是，提前让对方看到了促使对方让步的“牌”。这张“牌”不能一次性和盘托出，而是要在与对方的多次沟通中慢慢使用，让对方感到让步是有价值的。

例：

妻子：“希望你少去喝酒。”

丈夫：“好，减少到一月一次。”

虽然好不容易做出了很大让步，但这么轻易地说出来，不能让对方感觉到你做出了让步。

丈夫：“我们得重视人际关系，很难不去啊。不过既然唯一的妻子这么说了，虽然很难，我也要努力克制自己。那我就先尝试着每周只去一次。”

虽然事实上并没有勉强自己，但这样可以使对方获得满足感，觉得自己的作用发挥了，或者对方听取了自己的意见。

总之都得让步，所以还是有效地去让步吧。

据说，在古代中国有这样的习惯，在一番讨价还价后顾客购买了商品离开时，店主故意表现得很后悔。这是为了对方觉得“买到了好东西”，也是一种对顾客的照顾。

如果你不喜欢这样“装模作样”的让步，请想想有些本来可以双方都获利的沟通可能会破裂，本来你做出很大让步对方却不满意。你把它当作为使对方满足而费心，让步的技巧是很重要的。

『实战技巧 3』解决方案真就只有那些吗？

双方都能接受的新的解决方案称为“创新性选择”。转换思路，寻找双方都不受损的备案，这是既便利又基本的技巧。

▼▼▼避免双方争执的第 3 种解决方案

不是让对方让步来增加我方利益，也不是我方让步来增加对方利益。为了达到双方都满足的双赢，我们向您推荐的是寻找新解决方案的“创新性选择”。

那创新性选择到底是什么？我们以正在为谁做家务而争吵的夫妻为例，来详细了解一下吧。

夫妻双方均有工作。丈夫认为妻子本就应该做家务，而自己是帮助妻子做家务，但今后想减少帮妻子做家务的时间。而妻子认为，由于自己也在工作，希望丈夫能更多地帮助做家务。该如何解决这对夫妻的问题呢？

解决方案 A　由于丈夫回家比较晚，家务由妻子承担

解决方案 B　由于妻子也在工作，家务应平均分配

创新性想法

双方的理由

丈夫：

- 家务本就应该妻子做
- 自己已经帮忙了
- 今后想减少帮忙做家务时间

妻子：

- 双方都工作，所以家务也应该分配承担
- 希望丈夫今后能多帮忙做家务

解决方案

A. 由于丈夫回家比较晚，家务由妻子承担（丈夫满意，妻子让步）

B. 由于妻子也在工作，家务应平均分配（妻子满意，丈夫让步）

双方都满意的解决方案

CHECK

☑转变思考方式，增加选择内容，可以不知不觉找到解决

方案。

解决方案 A 中，妻子让步可以顺利解决问题；解决方案 B 中则要丈夫让步。

这种情况下，在争论方案 A、B 之前，先试着找找第 3 种解决方案，即创新性选择吧。

● 创新性选择 1　请家政公司代做家务

● 创新性选择 2　增加在外用餐的次数，减少做饭所需的时间。

认真考虑增加选择内容，经常会在不经意间找到适当的解决方案。

案例 3　解决方案真的只有那些吗

小隆没能与折扣店达成协议。与××百货店进行商谈后，他们顺利达成了协议，可以将商品放在店内销售。小隆刚放下心，××百货店的购买方打来电话。

买方："前些天真是谢谢您了。将商品陈列在我们店里销售，这件事没有问题，但是店铺说卖场只能空出一个货架……真是对不起，与××公司共同使用一个货架，您看可以吗？"

小隆："啊，那怎么行？"

买方："真的对不起！拜托了！××公司的联系方式是这

样的……”

小隆一下子脑袋空白，但尽力恢复意识向积极的方向考虑。首先，在给××公司打电话之前，要进行准备和演练。

- 与××公司各使用一半货架
- 跟对方商量尽可能让我们多使用一些

小隆正在一边思考该如何做，一边写着笔记，这时佐藤前辈走了过来。

佐藤：“看你好像很辛苦啊，没事吧？”

小隆：“嗯，虽然好不容易允许我们在卖场销售，但是货架需要与其他公司共用。”

佐藤：“原来这样啊，也就是要和对方协商共同使用货架啊。”

佐藤前辈想了一会儿，说：“针对共同使用进行协商时，应该在询问对方需求的同时找到双方都能接受的方案，但是，只能用一半的可能性比较大啊。”

小隆：“确实可能是这样啊。有没有方法可以让我们尽可能多争取点呢？”

佐藤：“这种情况下，与其考虑如何能更多争取，不如努力寻找其他的选择，也就是对我们公司有利，对对方来说也有利的方案。”

佐藤前辈在小隆的选择中又多加了一项。

不共同使用货架：

- 请××百货店刊登在面向会员的手机杂志上
- 请××百货店在网店“××网”上架

佐藤：“虽然还只是个想法，不过这样大家都可以受益。”

小隆：“谢谢您！我也再想想其他办法。”

▼▼▼灵活思考，寻找其他解决方案

使对方让步来获取自己的利益。在努力进行这样的协商前，先努力寻找双方都能接受的其他解决方案吧。可能最初会比较困难，如果不被“如何才能增加自己的利益”这样的想法束缚，很容易找到新的解决方案。

例：平分橙子的两人增加各自的份额

- 将橙子分为皮和瓤
- 再买一个橙子

例：家庭旅行去北海道还是冲绳

- 京都怎么样
- 用旅行的预算买辆车如何

寻找创新性选择的习惯，不仅适用于沟通商议的情况，也适用于日常生活中。在请对方让步前，先试着寻找使自己和对方都能接受的创新性选择吧。

『实战技巧4』

礼貌说话就可以，你这样认为吗？

在任何时候礼貌都是非常重要的，你这么认为吗？过于礼貌可能会对沟通不利。在准备之时也考虑考虑该给对方留下怎样的印象吧。

▼▼▼印象和感觉控制术

根据印象不同，沟通可能会产生完全不同的结果。要顺利进行沟通，我们还应该有针对印象管理的想法。

也许你自己没有意识到，印象会对判断造成很大的影响。假如在公司，有人打来电话："在您忙的时候打扰真不好意思……"你会觉得"是推销"，而不会继续听对方说话就将电话挂掉吧？相反，对方理所当然地说"××在吗"，你是否觉得对方很嚣张？

对于参加工作的人来说，礼貌谦虚地对待别人是最基本的，可是，在沟通时因为礼貌的态度反而给对方的判断造成不良影响，这样的事情也时有发生。

日常生活中可以发现很多印象与判断相关的例子。如果对方的感情会对沟通产生很大影响，该如何进行印象管理呢？

案例4　由于过于礼貌而影响判断的事例

小隆发现产品不仅可以在店铺销售，还可以邮购。于是，他想借助人脉很广的胜野井顾问的力量，来寻找新的客户。小隆刚去询问，顾问就为小隆到处打电话。

顾问：“喂，您好，请问贵公司的专务理事田中在吗？我是胜野井。”

顾问：“田中先生，很久不见了，还好吗？这里有些不错的产品，可以便宜销售，希望得到贵公司邮购业务的帮助，明天或者后天您有时间吗？”

顾问像变魔术一样很容易地与对方约定了时间，并对小隆说：“明天11点45分，在第二酒店一起吃饭。11点40分在大厅见吧。”

第二天——

吃饭的气氛很和谐，顾问兴高采烈地闲谈着。在饭局即将结束时，终于开始了产品的话题。

顾问：“这产品非常好，我觉得适合你们公司的邮购业务。

而且能以之前4倍的价格出售，可以获得不少利润吧。”

田中专务：“4倍，不错啊。”

顾问：“小隆，快来记下负责人的姓名，尽快把产品拿给对方过目。”

（啊——这样就和负责人联系上了，顾问真厉害！）

在回公司的路上，小隆向顾问致谢。

小隆：“我们为了产品能最终面世，非常卖力，一直像跑马拉松一样。而今天进行得这么顺利，真是很吃惊。顾问，您可真厉害。”

顾问：“我一点也不厉害。我只是知道人有时候会故意说些好听的话。”

小隆：“明明因为我的失误购入这么多产品，您这么帮我，这次真的太感谢您了。”

顾问：“可是，这些产品确实不错啊，不是吗？”

小隆：“确实，虽然购买太多让我们非常为难，但产品真的不错。”

顾问：“好产品低价转让，没有必要那么谦恭。因为虽然我们库存过多，但这是我们自己的事情，与对方无关。今后最好不要给对方留下影响他们判断的不好印象。”

（对方明明也可以获益，之前总是低声下气地拜托别人，反而可能留下了不好的印象）

▼▼▼印象管理会影响对方满意度的高低

思考下列事例给人留下的印象。

假如，你的朋友问你要不要买二手车。

A.“话说，你是不是说过想要买车？我可能要买新的，如果不介意的话把我的转让给你？”

B.“我想买新车，所以必须把现在的这辆卖了。拜托你了，买了吧。”

A与B相比，你的印象如何？A的“你买也可以”，B的“无论如何想让你买”，给买方的印象是不同的。在协商价格时，A与B的降价额也会不同。A与B同样是说服对方购买二手车，然而，像B那样被对方请求“买吧”，即使需要车，也会产生“不想被人强行买卖”的心理。

强调方法不同，印象也会发生改变，印象会改变对方的满意之处。在进行事前准备时，也要考虑到“印象管理”，考虑如何说话，如何选择语言。这时，要站在对方的立场上，想象可能会给对方留下怎样的印象，这样沟通才会顺利进行。

站在对方的立场上改变说法：

请你无论如何买了吧→我转让给你吧

有件事想拜托你→有个好消息告诉你

说话过于谦恭也不好，声调、表情等非语言交流方式给人的印象也很重要。原本不错的人在沟通中受损，可能与这些有很大关系吧。

你也有因为一点不好的印象而受损的经历吧。以此为契机，在商务或者私人事务的沟通中开始注意有效地进行“印象管理”吧。

『实战技巧 5』

如何迈出成功的第一步？

当你准备与对方商讨多项事宜时，从哪一项说起至关重要。搞错顺序导致事情进展不顺的例子比比皆是。

▼▼▼合理排列顺序，使沟通顺利进行

为顺利达成协商的目的，首先要调整好多项需协商事宜的顺序。

例如，小隆卖东西时，需与买家协商的事宜大致有以下 4 项：

①价格　②数量　③进货方式　④支付方式

当以上几项条件得到有序地妥善处理之后，该协商才能成立。

像这样，存在多项需要协商解决的事宜时，协商顺序的不同导致协商结果不同，这种事例并不少见。如果抱着从哪儿说起都一样的心态同对方进行协商，那么本能谈成的生意很可能

就这样打了水漂。相反，先从双方易于达成一致的部分切入，也有可能使难题迎刃而解，顺利完成协商。

接下来，我们一起模拟存在多项需协商解决的事宜时，从哪一项说起会出现怎样的结果，并由此来决定商讨的顺序。

案例 5　弄错顺序，把场面搞僵

负责人：“这商品真是很好啊。贵公司过去从事过邮购业务吗？”

小隆：“是的，曾经与 A 购物中心有过业务往来。”

负责人：“那么我想贵公司应该了解，如果是邮购业务，我们一般不直接买入，而是采取寄售的方式。”

小隆：“好的，这样当然没问题。”

负责人：“那么，先请你们交付一半产品，剩余部分请贵公司代为保管。”

（哇，仓库要爆仓了吧）

负责人：“另外，邮购可能出现退货的情况，因此我们一般都在三个月后结算款项并在次月末支付。卖不出去的部分我们会尽早退货。”

小隆：“接受一半商品，四个月后付款啊……”

急于求成的小隆忘了应该首先确定协商的总体方向，一开始就拘泥于付款方式、商品储存方法等细枝末节的问题。虽然对方最初有意购买，但小隆光顾着说细节，使形势急转直下，起初认为“还不错”的对方也渐渐觉得这桩买卖有些麻烦。

负责人：“那么这样，我们来商讨这些条件吧。”

尽管小隆见到了对方的主管，而且对方也比较中意产品和价格，但最终小隆还是没能与对方达成协议。

▼▼▼如何消除消极情绪

在谈判过程中，商讨的顺序也至关重要。首先，要在利益冲突不大的事项上达成一致。在取得共识之后，再着手进行复杂的调整。

小隆的问题在于，难得对方对产品和价格都比较满意，他却没能抓住机会马上确定订货事宜，反而一开始就只提怎么付款、怎么存储商品这些繁琐的程序问题。抓住大方向促使合约生效的协商过程，与刚开始就拘泥于细节问题的协商过程，在氛围上当然是不一样的。

如果一开始就难以达成一致的话，就容易产生“看来不太合拍啊”“还是别和他打交道了吧”等情绪。而这种消极情绪往往在不知不觉中影响着双方相互妥协与让步的程度。正所谓好的开始是成功的一半，为了避免不良影响，我们要先下手为强，在分歧较少的地方首先达成一致，为随后的谈判奠定良好的基础。只要双方都确定了合作意向，细节上的让步也就不在话下了。

第4章　总结

1. 协商前的准备工作。

□比起交涉当天的失误，准备不充分更可怕。

□记下需准备的优先顺序、预设目标、协商范围、可适当让步的地方、无法让步的地方、让步牌、条件提示、方案B。

2. 使对方满意的让步技巧。

□分几次，渐渐地缩小让步的幅度，以达到"因为是您我们才一再让步"的效果。

□在对方要求让步后才亮出"让步牌"。

3. 找出新方案。

□不拘泥于某个现有方案，养成灵活思考、探寻新方案的习惯。

4. 防止判断扭曲。

□彬彬有礼未必能博得好印象。

□声调、语调与表情等也需要事先练习。

5. 协商顺序的组合排列。

□在易达成一致的事项上首先取得共识，做好铺垫。

□确定合作意向之后再商讨具体细节。

第5章

为了防止上当，你需要了解的『黑色谈判术』

让别人无法拒绝你

黑色谈判术1

『打7折』与『便宜3000日元』哪个划算？

语言上的细微调整与表象都可能混淆我们的判断。

为避免这种错误判断，我们有必要预先知晓这些黑色谈判术。

▼▼▼如此简单的印象控制

“黑色谈判术”利用了人们往往凭借印象就轻易做出判断的这一特点。在第5章中，我们将教大家如何识别“黑色谈判术”的手法。首先，我们来一起感受一下，人们的判断是多么暧昧不明。

A 这部车虽然有10万公里的行车距离，但只需50万日元。

B 这部车只需50万日元，但行车距离有10万公里。

A、B两种说法分别给人什么印象呢？

A这种说法，听着似乎很划算；反之B这种说法，不但没有划算的感觉，反而是“10 万公里”这一消极因素使人印象深刻。A、B 这两种说法虽然传达了同样的信息(50 万日元、10 万公里)，但语序的细微变化导致了整体印象的截然不同。

协商中，当需要提出见解或做出让步时，巧妙地运用这种说话技巧的人不在少数。我们如何才能做出正确判断而不受蒙蔽呢？在此，推荐大家使用“只记录关键词”这一方法。只记录“10 万公里、50 万日元”这些关键词，这样，即使对方变换语序、修饰措辞，企图改变我们的判断，我们也能有效避免这种诱导的影响。

干扰判断的语言魔术：

例：行车距离 10 万公里的车，价格为 50 万日元。

这部车虽然有 10 万公里的行车距离，但只需 50 万日元。

50 万日元还挺划算的嘛!

这部车只需 50 万日元，但行车距离有 10 万公里。

这车都已经跑了 10 万公里啦?

check☑注意：同样的商品说法不同也会给人不同的印象。

案例 1　佐藤前辈究竟是能干还是无能

公司附近新开了一家自助餐厅，小隆好像又吃多了。

(老天啊，我再也不敢暴饮暴食了！快别让我再拉肚子了吧……)

小隆的忏悔，似乎不怎么见效，直到午休时间结束，他都没能走出公司的卫生间。

这时，似乎有人进来了，小隆能听到对方的交谈。

A：“你们部门的佐藤，听说很有能力啊？”

正值人事调动前的考察期，小隆不禁竖起了耳朵。

B：“啊，佐藤啊……工作能力倒是挺强的，就是什么都爱较真儿。”

A：“这样啊，看来这还真得多打听打听。”

听到这儿，小隆突然有一种推开门反驳的冲动。

（应该说佐藤虽然爱较真儿，但工作能力很强才对啊！不不不，也不对，应该说佐藤是个讲理而且能办事的人。）

B对佐藤的评价虽非谎言，却似乎改变了A对佐藤的印象。

也许大家在日常交流中不曾留心过，但语序确实能够影响人们对事物的印象，请对比以下两个句子：

小隆虽然不太可靠，但是将来或许能有所进步。

小隆将来或许能有所进步，但不太可靠。

第一句话说明说话人对小隆印象较好，而第二句话说明说话人并不看好小隆。两句话说的是同样的内容，为何表达效果不同呢？

同时说明人或事物的优缺点，这叫“双面提示”。双面提示传达的是描述对象的不同特征，大多数情况下，后述的一项给人的印象更为深刻。想必有许多人使用了这种语言技巧而不自觉，从现在起大家可以有意识地把需要强调的内容置于句子的后半部分。

双面提示是一种说服对方的好方法。光说优点或是光说缺点都不如双面提示有说服力。但是，与对方协商时，双面提示虽好，还需注意陈述优缺点的顺序。

此外，由于有一部分人利用这种技巧来改变话语给人的印象，因此在做出判断前还需调换前后顺序，冷静地思考。

▼▼▼语言魔术与语言表象的威力

转换表达方式的效果是相当惊人的。请看以下的例子：

A　服用此药，98％的人能得救。

B　服用此药，2％的人会死去。

A 这么说的话，人们可能还想试试疗效；但 B 这么一说，恐怕谁都不敢吃这药了吧。之前曾向大家介绍过：协商能否成功，80％靠准备。使用“黑色谈判术”的人在协商前大都反复思考如何组织语言。

作者经营的公司主要研究如何提高网购销售额。在网络世界中，只要分析连接端口即可准确把握有多少网友浏览了某产品，又有多少网友实际购买了该产品。主页上措词或表达方式的稍加改动，使商品大卖或滞销已成为业界的常识。只要改变语言，就可能使营业额成倍增长，使滞销的商品转眼脱销。

仅仅更换商品图片就能接到络绎不绝的订单。作者在现实生活中反复见证了这些事例，深切感受到语言与表象对我们的判断有多么大的影响。

把“打 7 折”改成“减 3000 日元”，把“能不能请您”改成“请您”，大家知道这些细微的变化会影响购买率吗？

同样是在公园喝果汁，在自动贩卖机买的果汁 150 日元都嫌贵，如果请人在附近的高级酒店买同一牌子的果汁，200 日元也不会有任何抱怨。这是为什么呢？在酒店的休息室进行协商时，对方的提出方案听着更好，对方也显得更优秀。这又是为什么呢？

我们对事物的印象与判断受到很多因素的影响。虽然很难完全避免这些影响，但我们可以先牢记自己的判断很容易在外界因素的影响下发生改变这一事实，这样能使我们不再轻易上当。

『黑色谈判术 2』

你的『答谢心理』被利用了吗？

接受他人的某种恩惠之后，人们往往会有一种一定要答谢的心理。有一部分人正是利用人们的这种心理进行类似的诈骗行为。让我们一起来学习如何应对吧。

▼▼▼错把对方当好人——“返报性”

有些人知道如何让对方做出更大的让步，并且有意识地利用这种技巧。这种做法是否得当我们暂且不予评论，但由于了解这种技巧有助于我们冷静地作出判断，因此请务必参考以下介绍。

案例 2　不知不觉已经无法拒绝了……

久未联系的高中同学给香织打电话，邀请她参加家庭聚会。面对突然而至的邀请，香织有些犹豫，但最终还是答应前往。

美纪：“香织，好久不见了，都没怎么变嘛。”

香织：“美纪才是一点都没变呢。谢谢你的邀请。”

美纪：“今天做了好多菜呢，香织要多吃点哦。”

参加派对的有美纪的邻居和同事，似乎来了好多人。

面对陌生的面孔，香织难免有些不知所措，但由于机会难得，她想要玩得开心一点。餐桌上摆满了炖菜、蒸菜、烧烤等各色佳肴。

香织：“嗯，真好吃！”

不仅是香织，来客们为了表达对美纪的感谢，也都有些夸张地赞扬了派对上的食物。

美纪：“好吃吧。这道菜用这种锅只要 10 分钟就能搞定了呢！”

于是美纪开始边展示各种锅边滔滔不绝地介绍做法。

美纪：“这口锅是用来蒸东西的，刚才你们吃的蛋糕就是用这个做的呢。这口锅是用来炸食物的。你看这道菜外焦里嫩对吧，用这锅，只需少量的油，也比较环保，所需时间也很短，所以不吸什么油，热量低。”

香织觉得不太高兴，可能这些锅确实很好，但是自己一个人生活确实用不上，而且美纪这样像是在推销。

美纪：“香织，能过来帮我一下吗？香脆的煎饺就要出锅啦！”

在美纪的催促下，香织和她一起做菜，一起品尝食物。不知不觉间，香织开始觉得买这么一套锅其实也不错，而且自选半套锅具的话，也比整套购买便宜许多。

接受他人的某种恩惠之后，人们往往会有一种回报的心理，心理学上称之为“返报性”。在超市试吃，或者情人节收到巧克力，相信大家都曾因为对方为自己做了某件事而想要回报吧。毋庸置疑，帮助他人是应当称颂的行为，接受恩惠后想要回报这一点也是必须肯定的。

大家知道日本与土耳其的佳话吗？两伊战争中，萨达姆曾扬言：“48 小时之后要轰炸所有航行中的飞机。”局势动荡，焦急回国的各国民众纷纷涌向机场。不少人由于机票售空，未能顺利回国。这些人中有 200 多名日本人，他们的生命安全受到了威胁。尽管日本政府动员各方试图派出救护专机，但当时一方面日本自卫队遭受多方谴责，另一方面相关法律制度还不完善，最终派出救护专机的设想没能实现。日本也向其他国家发出了救援请求，但当时各国均致力于援救本国国民，无暇顾及日本。

危急之中，最先向日本伸出援手的是土耳其。为何土耳其在那样危急的情况下同意派出专机前去搭救日本人呢？这个原因还得追溯到明治时期。

明治时期，土耳其的船只曾在和歌山县的海面上不幸触礁。

当时，和歌山县的民众不仅全力营救土耳其船员，还在粮食供给十分困难的情况下，将自己的备用粮食给了船员们。日本政府派船送获救船员回国，得知消息的日本人也纷纷捐款寄往土耳其。

“返报性”的作用能够跨越时代、超越国界。尽管这些暖人心房的事例不胜枚举，但遗憾的是，也有不少人利用这种知恩图报的心理进行犯罪活动。

美纪不了解“返报性”原理，并非有意使用这种手法。但有些人熟知知恩图报这种心理，他们制作指导手册进行网上交易或欺诈性买卖，不自觉间就使用了这种手法，这种事例不在少数（作者曾就职于日本地方警署，见过很多利用“返报性”行骗的事例）。

对对方的回报，远远超过对方为自己做的，这是“返报性”的特征。协商中也有人刻意利用“返报性”的这一特征，因此要多加注意。

『黑色谈判术3』

『500万日元借不了。50万日元的话倒是可以。』这是什么心理？

房产中介有一条“丑女、丑女、美女法则”。被对方一开始提出的条件扭曲了判断，可能导致很严重的后果。

▼▼▼房产中介的技巧

上一章中，我们介绍了协商过程中先后顺序对整体印象的影响。那么，怎样操纵对方的心理呢？接下来，我们将详细介绍这种手段。“我可能被骗了”，也许有人这么认为。了解这种手段，定能帮您免去许多困惑与不安。

“丑女、丑女、美女法则”：

在银座当女招待时，我听客人说起过这条法则，觉得大为惊异。据说这条法则在房产中介业内广为人知。

1. 首先，询问客户对住房的要求。

2. 故意领客户看老旧、狭小的“丑女房”。

3. 客户当然不会满意，于是接着再看下一户“丑女房”。

4. 第三次领客户看房时，特意挑选租金高于客户要求的普通房。

5. 在客户为找不到合适的房子发愁时，才领他看相比之下“较美”的房子。

至今我还清楚地记得初次听说这条法则时自己惊异的心情。因为我自己也经常搬家，每次租房的实际房租都比我原先期望的要高(听了客人的这番话之后，我开始注意租房时不能以头两次看的房子为参照标准)。

在条件提示的部分我们也说起过，通常情况下，我们的标准是很容易受外界影响的。这种情况在日常生活中经常发生，而我们并未察觉。

一位服装店的女导购员对我说：“对买了西装的顾客，一定要推荐衬衫和领带。衬衫和领带的价格都低于西装，对方购买的几率也较高。”

为此我查阅了心理学方面的文献，果然发现有实验结果表明，从高价的商品开始介绍确实能够提高低价商品的销售额。虽然每个人心里都有“划算(买下比较好)”“不划算(不买比较好)”的衡量标准，但是在短时间内改变这种标准似乎不是一件很难的事。而事实上，这样的事情经常发生。希望大家今后不再被商家欺骗。

▼▼▼“不自觉间做出了让步”的危险陷阱

正如下了时速100公里的高速公路后会觉得时速60公里很慢一样，人们往往会在对比当中认识事物。“黑色谈判术”利用了人们这种倾向，结果是：

对方提出：不好意思，能借我500万日元吗？

→拒绝：哪里有这么大一笔钱？

→围绕借钱与否进行周旋。

→对方让步：真是没办法，这样吧，这次就只借我50万日元吧。

→同意：既然人家都做出让步了，那就勉强同意吧。

使对方觉得现在的价格比最初优惠许多（扭曲对方的判断）；做出很大的让步，使对方觉得“自己也应该做出让步”（返报性）。以上事例正是综合运用了这些手法。

虽然这看上去似乎是一项很高超的技艺，但一开始就向对方提出比较过分的要求，遭到拒绝后再降低要求，这样的事情经常出现在日常生活中。作者本人就曾在一家很有名的品牌店里上过当。

进到店里就被引进一个小雅间，店员还端出香槟与巧克力招待我。这时“返报性”的心理作祟，总觉得什么都不买实在是不太好，这种心情想必大家都能体会。刚开始只是在雅间里试戴首饰，可不知不觉间店员推荐的饰品价格都已高达1000万日元以上。即使我表示拒绝——“这实在是太贵了”，对方依然很热情：“机会难得，您戴上试试。”于是我只好听之任之。试得多了，“返报性”心理就愈加强烈起来。随后，店员渐渐拿出价格较低的饰品，待到几十万日元的首饰出现时，我竟然觉得“真便宜”。这样，之前多次拒绝高价首饰的我，竟然买下了它。

随后，经过调查我们发现，这些人要打动人心时一般综合使用多种手法，而对这些手法完全不了解的人就很容易上当。虽然不能完全避免受害，但只要大家意识到自己的判断可能被扭曲，就不至于轻易受骗。

扭曲判断并加以利用的手法：

例：假如有熟人向你借500万日元……

熟人：不好意思，能借我500万日元吗？

你：我哪有这么一大笔钱啊？

（我怎么拿得出500万日元啊）

熟人：真是没办法，这样吧，这次就只借我50万日元吧。

你：50万日元倒是有。既然人家都做出让步了，我要不让步的话也不好。

check☑“现在的价格比最初优惠很多，对方都做这么大让步了，我也退一步吧。”千万别让对方利用你的这种心理。

『黑色谈判术4』

你是否觉得自己肯定不会受骗？

有些人利用心理手法使自己在协商中处于有利地位。了解这些手段能有效防止自己在不知不觉间上当受骗。

▼▼▼数不胜数！各种各样的“黑色谈判术”

此前已向大家介绍过心理状态对交涉结果的影响。在此，我将要向大家介绍一些不仅适用于普通协商情境，而且在商业交往中也被广泛使用的心理技巧。对方的一点点算计就使自己在不知不觉间处于不利地位，了解这些手法能使自己保持平静的状态，从而摆脱被算计的窘境。

1. 取得主导权的技巧。

为了将取得主动权的程序变得简单，可以使用以下几种方法：

● 事先制作议事日程表并交给对方

例：一开始就商谈“价格事宜”“交付期事宜”“出现商品破损时的赔偿事宜”“其他待确认事项”等列在日程表上的事宜。

效果：按照自己希望的顺序进行协商，对方不容易谈及其他事项。由于这种做法能彰显自身的领导能力，因此也有些生意人非常喜欢提前准备资料，动不动就说“这是今天的议事日程”。

对策：忽略对方的议事日程表，从自己想谈的部分开始谈。自己也制作“议事日程表”，收到对方的日程表时，也拿出自己准备的。

● 如果对方坐着，就站着跟他(她)谈

例：在协商中借口“请看一下这部分”等，制造站立的机会，站起来后就继续与坐着的对方商谈。也可在白板上画图或记录重点内容。

效果：能够制造老师与学生、演说者与听众的心理状态，易于控制协商的流程。从较高的视线出发与对方交谈也能增强说服力。

对策：如果对方站立，借着向对方示意资料或使用白板的机会站起来保持与其平视。

2. 在心理上占据有利地位的技巧。

这是因为心理状态对协商有很大的影响。

● 选择自己熟悉的场所进行协商

例：借口“跟您谈的时候，还想给您看看我们的产品”“想向您介绍我们的经理”等，把对方请到自己公司来。

效果：在自己熟悉的地方进行协商，能在心理上处于有利地位，对方底气不足自然更容易出错。

对策：尽量把协商地点定在自己的公司。如果无法实现，也要指定酒店休息室等对方不熟悉的地点，并提前考察环境。

● 声音要大

例：向对方要钱可能会被视为恐吓，所以常常有人说“要表现出你的诚意”。当对方提出金额时，可以怒斥“这就是你们所谓的诚意吗”。即使不用这么明显的方法，就对方的某些说法表示自己的不满也能取得一定的成效。

效果：大声说话可以压制住对方。表达不满后再做出让步能使自己微小的退让显得尤其难得。虽然会被认为是黑社会的常用手段，但也有生意人较为委婉地使用这种方法。

对策：即使不被对方压制住，也容易在心理上处于劣势。先大声说“这样不就谈不拢了吗”，而后再心平气和地与对方进行协商。

3. 让对方做出承诺的技巧。

介绍几种常用的让迟迟不给承诺或是犹豫不决的对方说

"Yes"的方法。

● 先提棘手的要求，被拒后，再退一步提出较容易实现的要求

例：向居民提出要求："这条街的所有人每周对车站附近进行一次打扫，请大家7点在车站集合。""办不到""影响正常工作"，面对这些反对的声音，勉强做出让步。再次提出"那么请大家捐钱支持清扫运动吧"的请求使居民答应捐钱。

效果：对方拒绝了一次，就难以拒绝第二次。使用这种手法能制造出"人家已经退让了，自己也得退一步"的氛围。因此在公司内部或居委会等必须维持和睦的机构当中尤为见效。

对策：反复对比对方提出的两个要求，冷静地思考究竟能不能应承对方。要知道礼貌地拒绝并不会得罪对方。

● 唱双簧，一人不满另一人劝解

例：两人搭档一同与对方商谈。一人抱怨"你们也太不把我们放眼里了吧"等，表示自己的不满与强硬的主张。僵持中，另一人扮演和事佬说道："罢了罢了，生气解决不了问题啊。人家××先生（小姐），也是站在公司的立场上说话，没有恶意的。"

效果：两人搭档，一人发怒使对方动摇，此时另一人在一旁劝解，这种方式很容易使对方让步。还可以引出对方对劝解

人的“返报性”心理，从而在协商中获得有利条件。

对策：一人发怒另一人开始劝解时，要清醒地意识到这不过是协商中的“惯用伎俩”。

第5章　总结

1. 确保判断不受干扰。

□做记录的时候，只记关键词。

□牢记语序能够影响人们对事物的判断。

2. 免受“返报性”的干扰。

□回报与协商是不同的，这点要分清。

□要知道回报可以有别的方式。

3. 不被扭曲了的判断所左右。

□判断对方一开始给出的条件是否能当作标准。

□先提出棘手的要求→做出让步，提出比较容易接受的要求。别被这种手法骗了。

4. 挡住对方的心理战术。

□别被对方的议事日程表、站立位置迷惑。

□不在对方的地盘协商。

□别被对方的让步程度给骗了。

□对方语气强硬或温和都要小心提防。

第6章

恋爱中也能使用的4种沟通技巧

让别人无法拒绝你

「恋爱中也能使用的沟通技巧 1」

不受异性欢迎是因为不懂沟通技巧？

看清对方期待的利益和潜在欲望，在不经意间打动对方，这种技巧不仅在商业场合，而且在日常生活中的各种情况下都能使用。

▼▼▼吸引对方→提升价值→受欢迎

凡是需要对方为自己行动时，沟通技巧都能派上用场。例如，情侣间互动时也会使用许多与协商相通的技巧。在这一章中，为了帮助大家形成对沟通技巧的直观印象，我将向大家介绍各种恋爱中的场景。

案例 1　了解对方的内心渴望就能在联谊中轻松制胜

（虽然只是凑数，但还真是不习惯这种场面啊……）

由于打工时的前辈强烈邀请，小隆不得不参加联谊会，但他在途中就一直忧虑不安。小隆人品虽好，但却不怎么有女生缘，因此总在联谊活动中当陪衬。

前辈：“小隆，今天多谢你过来。怎么了，无精打采的。今天来的女生可都很可爱啊。”

小隆：“反正我充其量就是个凑数的，既不受异性欢迎，又爱紧张。要是我女朋友发现我这样就惨了。怎么打得起精神来啊？”

前辈：“像你这种在大公司工作的人来联谊，那些女孩子都很高兴的。你怎么说也是个名牌大学的毕业生，又在大公司上班，要对自己有信心啊！”

小隆：“前辈，您就别安慰我了。当初说我长得不错，又有‘营养价值’，可就是没人要，所以给我取了个外号叫‘荷兰芹’的就是前辈啊！现在那些打工时候认识的朋友都还管我叫‘荷兰芹’呢！”

前辈：“哦，还有这事啊。是我不对，我不对！这样，今天我就让你大受欢迎吧。”

小隆：“这哪是前辈捧捧就能受欢迎的啊？”

前辈：“怎么不能！恋爱就是从错觉与假想开始的。想要受异性欢迎就要看准对方期待的利益是什么，然后扮演成对方的理想型。”

小隆：“期待的利益？”

前辈：“对，比如说有经济能力应该能使自己幸福，在一起很风趣的话应该能使自己快乐，和女生交谈时你还要留心观察她期待的利益是什么。”

小隆：“原来是这样啊。”

（怎么这么像谈判呢……）

前辈：“比如说，你观察出某个女生希望自己的男朋友能让自己快乐，那么小隆你就得让她觉得你很风趣。”

小隆：“这可以吗？”

前辈：“你自己说‘我是个风趣的人’当然不行。所以啊，你得先逗我笑。”

小隆：“啊……”

前辈：“然后，如果作为旁观者的我说：‘小隆一直都很擅长逗周围的人发笑。’这样可信度就高了。最后，女生自己也没意识到的潜在欲望，比如说高收入什么的也不经意间暗示一下，十有八九能成。”

小隆想起了以前在谈判书中读过的话：“看清对方期待得到什么利益，要让对方知道我方的主张是客观的。”

▼▼▼克娄巴特拉的印象战略

看穿对方期待的利益所在，这是恋爱与谈判共通的技巧。成功使用这一技巧的典型就是著名的克娄巴特拉。她借助当时有权者的力量摆脱危机，凭借宠爱掌握了至高的权力。传说她是个绝代佳人，但后人的研究表明，她并不是一个美丽的女子。那么，不算貌美的克娄巴特拉是如何迷倒妻妾成群的权力者的呢？

克娄巴特拉两次俘虏了权力者的心，这是因为她善于观察对方需要什么，并将自己扮演成对方心目中的理想型。通过令人惊喜的演出与对方相遇，在巧妙的对话中展现自身知性的一面，让对方直接感受到埃及的富饶……克娄巴特拉懂得如何让对方看到与自己在一起的好处。

为了获得比自己年长30岁的将军的宠爱，她展示了自己虽然年轻却毅然保卫祖国的一面；为了得到粗犷的将军的宠爱，她展示了自己细腻文雅的一面。面对不同对手使用不同的方式进行突破，这就是谈判的基本原则。据说克娄巴特拉的政治手段非同一般，由此可见，她也是个优秀的谈判专家。

让对方看到自身期待的利益是十分重要的，这一点在日常生活中不难体会到，例如电视广告。广告是商家投入大量财力用以促进商品销售的一种手段，因此为了使广告切实达到增长销售额的效果，广告公司真是绞尽了脑汁。在此，请大家思考：为什么名牌车的广告中大都有身着华服的美女？为什么单厢式两用轿车的广告里总会出现幸福的一家人？看清对方连自身都不曾意识到的潜在欲望，使对方看到欲望的实现，这是那些出色的营销者惯用的手法。

另外一个技巧就是要让对方知道自己的主张是客观的。例如，谈房屋买卖协议的时候，比起一味压价，“对比评估价，××日元更合适”“结合市场价考虑，××日元比较适合”等说法更容易被对方接受。咨询律师、专业人士等第三方的意见也是一种常见的方法。

企业多在首页或宣传册上登载顾客的反馈意见。有数据证明，比起企业王婆卖瓜，夸赞自己的商品与服务有多么多么优秀，登载顾客的反馈更具有说服力。

由此可见，凡是需要发动他人行动的情况下，谈判技巧都能派上用场。大家或许在不知不觉间已经按照对方的意愿行动了。认为不受异性欢迎是无可奈何的事，这不是自我放弃，而是一种怠慢。从现在起，试着猜测上司、下属或家人追求什么利益吧！

『恋爱中也能使用的沟通技巧2』

对方不做决断就一定不行吗？

谈判中，最能使对方产生动摇的关键词有："仅限现在""仅限这里""仅限你"等。这是促使犹豫不决的对方尽快做出决断的一种手法。

▼▼▼赋予事物短缺价值的"仅限现在"法

"最后一份""限量模型""日本国内未发售""促销期间优惠多"，面对这些字眼儿大家动心了吗？给对方灌输不出手就吃亏了的印象，制造促使对方做出决断的契机，这是恋爱与谈判中共通的技巧。

案例2 "限时优惠"的甜蜜诱惑

女生："哎呀，原来小隆这么风趣啊。"

小隆："也不算是……"

小隆还没说完，前辈就出来圆场了。

前辈："只要这小子在，气氛就很活跃，不论在男生群里还是女生群里都很有人气。我看着那叫羡慕嫉妒恨啊。也可能是学历高收入也很可观吧，女朋友都是美女啊。"

（其实收入不算很高，之前一直迟迟交不到女朋友……）

前辈："不过，小隆现在难得没女朋友呢。"

小隆想说"有女朋友了"，可是前辈已经自顾自地往下说了。

前辈："这小子，对女朋友特别好，所以一般很少有孤家寡人的时候。不过他这种又风趣收入又高的人，是不会缺女朋友的。"

（哎，这么骗人不好吧）

小隆："不是的，事实上……"

前辈："据说在大公司上班，年收入又高的未婚男性只有6%了。这里头没有女朋友的，就更少了。"

小隆又失去了说实话的机会。

小隆："前辈，别再说了！"

前辈："你小子，不管多喜欢人家女生，也别说你不去下周的联谊了啊。"

（糟了，这还怎么说实话）

在前辈的鼓吹下，当天联谊会上最可爱的女生开始追求小隆。

▼▼▼灰姑娘是如何脱颖而出的

在谈判中，使对方产生动摇的关键词有："仅限现在""仅限这里""仅限你"等。这是促使犹豫不决的对方尽快做出决断的一种手法。这是一种很传统的手法，不仅在谈判的时候，煽动对方购买商品时也多用这种手法。或许有人看到价格100万日元以上的名牌包，冷静地想想就觉得"太贵了"；同样，在买游戏机时，看到"待发售"，就会想"怎么又是待发售啊"。

让我们来对比以下买与不买的心理吧。

1. 要买就能马上买下的状态→(心理)不是很想要

2. 待发售状态→(心理)觉得买不到的东西很珍贵

3. 就快断货的状态→(心理)觉得现在不买就亏了

与第一种状态相比，人们在第2、3种状态下更容易实现购买行为。

这在作者的主业，即网购行业中也反复得到验证。恋爱也是同样的道理，要让对方意识到，不是任何时候都有机会的，眼前的机遇这次一旦错过，今后可就不一定再有了，这样更容易迫使对方做出决断。灰姑娘就是成功运用这个技巧取得幸福的典型。

灰姑娘在王子还意犹未尽时就匆忙离开了(尽管这是因为过了12点魔法就会失效)。这时限与王子的决断之间的关系如此紧密，以至于作者不禁猜想，仙女给灰姑娘施魔法时，是否也考虑到了这一点。当在场的所有女士都竞相展示自己最好的一面时，灰姑娘却忽然消失了，也因此，她成功地吸引了王子的注意。不一味进攻，在适当的时候抽身以提高自我价值，这也是谈判中的常用手法。从谈判的角度来说，临行前巧妙地留下指引对方追寻而来的玻璃鞋，更是相当出色的战略。

作者当年成为银座头牌女招待的其中一个原因就是 11 点半准时退场。在客人兴致最高的时候突然退场的习惯，使我的人气高了许多。

据说某位女星为了让男友下决心与自己成婚，对对方说自己想要出国留学。男友听了就想："分隔两地可能近期都无法见面了，或许最后就分手了，现在或许还能阻止她……"于是马上就求婚了。虽然很传统，但这种手法不论在谈判还是在恋爱中都十分奏效。

『恋爱中也能使用的沟通技巧3』
坦诚真的最重要吗？

并非有了坦诚双方就都能得到快乐，这一点，不论在谈判中还是恋爱中都一样。

真正把对方放在心上也非常重要。

案例3　坦诚虽好……

联谊会上认识的女生给小隆打电话。小隆多次想向对方坦白，但苦于总找不到适当的时机。

女生："刚认识不久就给你打电话真不好意思。我很期待我们下一次的见面。但在见面之前，我想有些事情应该先告诉你。"

小隆："噢，好的。什么事呢？"

听语气，女生接下来要说的应该是很严肃的事情。

女生："其实我……离过婚，还有个孩子。"

（为什么突然说这种事情……）

小隆："这样啊。一点都看不出来。"

（小隆顾及到对方的情绪，所以假装自己很淡定，但还是难免多想）

女生："23 岁结的婚，之后马上就有孩子了……"

女生就这样谈起了自己的过去。小隆本来对她挺有好感的，但看她这么大谈自己的故事，便再也提不起兴致。

▼▼▼坏消息要瞄准时机轻描淡写地传达

之前我们介绍了在谈判过程中，要在利益冲突较小的事项上首先达成一致，随后才着手进行复杂调整这一技巧。因为一开始就说很复杂的话题，很可能把原本能谈拢的事情给搅黄了。在恋爱中也是一样的。开始交往的苗头尚未出现时就告诉对方一些对自己不太有利的事情，难得投缘的两人很可能就因此而分道扬镳。相反，在一定程度上确定关系之后，即使遇到减分的事情，也能睁一只眼闭一只眼，这种例子是很多的。

在第 2 章中，向大家介绍了谈判过程中控制信息开放度的重要性。恋爱中，对信息开放度的控制也是十分重要的。没有必要一开始就向对方坦白不好的事情，把自己的一切告知对方，最终无法走到一起的事例也是很多的。

也许有人希望与对方坦诚相待，但是不管不顾地把所有东西都说出来，有时候对对方来说也是一种负担。坦诚相对，并不像赌博时的一决胜负。对自己不利的事情，待到双方关系比较稳固的时候再慢慢告知也不迟。此外，不要选择太严肃的方式，最好能轻描淡写地告知，这样对方也比较容易接受。

例：

有些重要的事情，我觉得应该先告诉你，其实我……

哎？我还没告诉你我离过婚吗？

在第 3 章中，我们讨论了人们对事物的判断是很容易受感觉影响的，因此告知的时机与告知方式是十分重要的。感觉在人际关系中扮演着至关重要的角色。“这么说对方会怎么想呢?”能注意到这一问题的人大都能在谈判中占得有利地位，而且这种人不仅在异性当中，在企业里也会很受欢迎。

『恋爱中也能使用的沟通技巧 4』

你知道不用语言照样能谈判吗？

谁都希望对方看到自己的优点，都想被认可，这是人之常情。

接下来让我们一起看看利用人们的这种心理，使对方为自己让步的非语言谈判技巧。

▼▼▼希望被认可的心理

希望被接受、被认可的心理人人都有，在此我要向大家介绍的手法正是利用了这种心理。现实生活中似乎也有许多人无意识地使用着这种方法。

有这样一个有趣的实验。实验内容如下：大学生们事先商量好，当教师在右边讲课时，所有人都点头，当教师在左边讲课时所有人都不做任何反应。这么一来，被蒙在鼓里的教师渐渐变得只在右边讲课了。这个有趣的实验说明了人们可能在无意识间就被对方控制了自己行动。

案例 4　沉默与笑容能使对方做出改变

小隆："之前约定的旅行，去箱根怎么样？"

香织："不要，人家都说了想去海边的嘛。"

小隆："可箱根比较近啊，也便宜些，最近我们俩也都比较忙，这次就去箱根吧。"

香织："……"

香织不做声了，小隆感到有些尴尬。

（要是香织觉得我小气，讨厌我了怎么办）

小隆："那，伊豆呢？"

香织："……"

小隆："那个……索性就去冲绳吧。"

香织："啊！真的吗？太好了！！"

虽然冲绳之旅超出了小隆的预算，但看着香织欢欣地计划旅程，小隆渐渐觉得决定去冲绳是正确的选择。

谁都希望被接受，而不喜欢被拒绝。在谈判中，不满对方的提案时，沉着脸保持沉默，能成功使对方做出让步。如果一方希望被认可的愿望很强烈，例如通过别人的介绍而见面的关系、恋爱中的男女关系、亲子关系等，这种方法就愈加奏效。

既不需要直接提出不满，也不用提出过分的要求，只要非语言的交流就能让对方做出让步，所以这种方法一般不会破坏原有的人际关系。

▼▼▼制造环境使对方自愿退让

处于弱势的人如果想让处于强势的人让步，还是采取利用对方“不想被讨厌”“希望被认同”的心理这一安全策略比较稳妥。例如，在企业中下属希望上司退让的时候、孩子希望家长退让的时候、历史上的侧室希望掌权者退让的时候……在力量对比中处于劣势的情况下，相比正面交锋迫使对方做出退让，制造环境使对方主动让步的方法更为简单，就像北风与太阳一样。

尽管香织并没有反驳，但小隆忍受不了这种沉默压抑的气氛，主动让步。尽管最终的结果并不是自己想要的，但是看着对方满足的笑容，竟也渐渐心甘情愿地接受了这个结果。这种情况在夜夜上演虚拟恋爱的银座也极为常见。

还有个更为精妙的手法，即：先给对方留下不好的印象，再突然温和相对。比起平时就和颜悦色的人，平时很严格的人突然对自己亲切带来的冲击要大得多。试问如果平时就经常表扬下属的上司夸你说“做得不错”，平时甚少夸人的上司也说“你小子，干得不错”，两者对比，哪种情况更让你激动呢？

一家上市公司的经理说自己平时会故意扮演坏人的角色。

这样一来，关键时刻的鼓励与褒奖就能发挥更大的作用。

虽说女招待们对虚拟恋爱习以为常，但也有些男招待以这些女性为对象进行虚拟恋爱，获取钱财。据说他们使用的就是“故意演坏人”这一手段。平时态度冰冷让这些女性都渐渐不再抱有幻想，可有时又突然特别温柔。通过触动这些女性的内心情感，即使是那些追求认真的女性也能在少数的几次接触中得到满足。

用沉默与笑容触动对方不愿被讨厌的心理。平时给对方留下不好的印象，这样一来，突然转好时，效果就能提升到 2 倍甚至是 3 倍。糖块与鞭子政策有时也能发挥让人意想不到的作用。

第 6 章　总结

1. 使对方感兴趣的诀窍。

□找出对方期待的利益（潜在欲望）并不经意地展示自己这方面的优点。

□通过第三方传达自己的优点。

2. 让对方做出决断的方法。

□让对方意识到“东西稀少，要下手趁现在”。

□适时抽身让对方意识到不尽早决断的损失之大。

3. 坦白的时机。

□在一定程度上稳定关系之后，即使稍有不妥也能接受。

□不好的事情要轻描淡写地告诉对方，而不是严肃地交谈。

4. 不需语言就能让对方做出让步的方法。

□板着脸沉默使对方让步。

□对方的态度出现松动迹象时，夸张地表达自己的喜悦。

第7章

不仅是得失——不谈判的谈判术

让别人无法拒绝你

『不谈判的谈判术 1』

直接要求就能使对方做出改变吗？

此前我们介绍了各种不同情况下的沟通技巧，实际上，谈判技巧也能用于日常生活中。

▼▼▼为改变对方的行为而进行协商

希望你再××一点，希望你别再××了……如果你希望对方做出改变，你会采取什么样的方法表达这一愿望呢？直截了当地表达自己的想法不但会伤害到对方，而且也得不到应有的效果。

案例 1　表达方式不当影响人际关系

上级任命小隆与同事佐佐木合作负责新企划的营销。两人每天都要跑很多家店，佐佐木的讲解说好听了是详细周到，说难听了就是冗长、低效率。某天，结束了与商场负责人的面谈之后，小隆实在是看不下去了，就向佐佐木提出了自己的想法。

小隆：“如果每一位客户都花这么多时间的话，效率没法儿提升了。把讲解的时间缩短点吧。”

佐佐木：“但是，详细地讲解无论对公司还是对客户都有利啊。”

小隆：“要是对方感兴趣的话当然没问题。对那些不感兴趣的客户讲解再多也不顶用啊。”

佐佐木：“对方不感兴趣也不能轻易放弃啊，寻找突破口当然是要花点时间的。”

小隆：“感觉没希望的话就趁早放弃，多找一些感兴趣的客户，这样才能提高业绩。”

佐佐木：“你这是要我改变营销方式吗？你又不是我上司，没有说这话的立场吧？”

小隆：“我不是这个意思。就是想跟你商量，看看能不能把解说的时间缩短一些。”

佐佐木：“按照你说的做，要是签不了约，有可能影响我的业绩。我不准备改变自己的做法。”

这次对话以后，佐佐木似乎更加执着于自己的做法了。虽然两人的目标都是提高业绩，但却无法和睦相处。

▼▼▼觉得被责备了就想反驳

希望缩短解说时间的小隆究竟要采取什么样的方式才能既

不搞砸关系又能达到目的呢？发动对方做某件事时，也可运用谈判的准备与模拟。

- 确定大致的目的——希望缩短解说的时间
- 能让步的地方——认同对方的营销风格，承认解说的重要性
- 决不让步的地方——知道对方不感兴趣就缩短解说的时间，说服下一组顾客
- 预设目标——每天走访 4 组客户
- 方案 B——如果在某个店铺耗时较长，就应该调整其他店铺的解说时间
- 创造性方案——灵活运用资料、两人分头营销、灵活运用推销信

小隆希望能够提高效率走访尽量多的店铺，而不是否定佐佐木的销售方式，也并非有意伤害佐佐木。选择实现目标的方式时，可以尝试使用准备谈判时常用的预先模拟。

■直接表达愿望的失败事例

1. 方法。

“佐佐木的解说有点长，能不能简明扼要一些呢？”

2. 情感。

自尊心受损，想反驳。

3. 结果。

感情用事，不但改变不了对方的行为，而且还威胁到了人际关系。

如果是上司的话也可用自己的权限使下属服从。

人们一旦觉得对方不分青红皂白地要求自己改进、否定自己，自我保护意识就会增强，并且下意识地进入辩护状态，寻找能证明自己行为合理性的证据，列出非这样做不可的理由。为了避免这种情况，提出意见和建议时，要首先肯定对方的一些行为，说明要改变的原因，最后才提出自己的建议。

■使用“部分肯定＋改变的原因”法的例子

1. 方法。

“多亏佐佐木解说得细致，这次营销才这么顺利。不过，要是能再多走几家店就好了，你看我们能不能用宣传册给客人讲解？当然态度还是像原来一样恭敬，这样是不是能缩短点时间？”

2. 情感。

营销方式受到肯定，对方也说明了需要改变的原因，所以并不觉得对方在批判自己。

3. 结果。

容易改进。

肯定对方现在的做法，能传达“并非否定”这一层信息。虽然要求对方改变做法，但也详细说明了原因，这样一来对方就不至于陷入情绪化。

▼▼▼说清理由对方更容易接受

提出要求时，说明理由与不说明理由，对方的接受程度是完全不同的。

没有明确理由时，编造理由也是一种手法。欺骗固然不好，但考虑到对方的情绪，善意的谎言也不失为权宜之计。

促使对方改进的技巧，不仅适用于商业场合，也适用于个人生活。小朋友不分青红皂白地被训斥，也会变得叛逆；情侣之间，被对方否定了也会禁不住反驳。

诺贝尔文学奖得主吉卜林有这么一句名言：

“语言是人类所用过的最有效的药。”

语言能缓和人们的痛苦，使人心情愉悦，但使用不当时也可能使人受伤，一蹶不振。正因为语言的力量如此强大，所以我们在选择劝谏方法时一定要谨慎行之。

直截了当地劝对方改正之前，最好不厌其烦地进行准备与模拟。需明确我们希望的是对方行为的改进，而非人际关系的破裂。

要求改进又不得罪人的情况

不恰当的表达方式：

小隆：佐佐木的解说有点长，能不能简明扼要一些呢？

佐佐木：自尊心受损，想反驳。

改进后的表达方式：

小隆：多亏佐佐木解说得细致，这次营销才这么顺利。（肯定对方的做法）

不过，要是能再多走几家店就好了。（需要改变的原因）

你看我们能不能用宣传册给客人讲解，当然态度还是像原来一样恭敬，这样是不是能缩短点时间？（商量）

佐佐木：那就看看有没有其他方法吧。

check☑ “肯定、原因、商量”，循序渐进，避免对方的情绪化。

『不谈判的谈判术 2』

只要主张正确就OK了？

在让步与主张的胶着状态中，如果对方陷入情绪化，我们该如何应对呢?

这种情况下，我们需要掌握一些不伤害对方的处理方式。

▼▼▼瞄准目标，避免陷入情绪化

我们与家人或亲近的人交谈时往往容易陷入情绪化，总觉得自己被指责。另外，与感情用事的人交谈时，为对方的反应所牵制，话题渐渐偏离主题的情况也很多。要求对方改变时，光有正确的主张是不够的，还要控制住自己的情绪。

案例 2　为对方的反应所牵制，话题渐渐偏离主题

小隆部门的科长，为人耿直、言行一致，遇到不顺心的事情，不论在公司还是在家里都会不自觉地大声呵斥，因此常常遭人误解。今天科长好像又和妻子争执了。

科长："差不多能换部车了吧？"

科长夫人："换车？你怎么总是顾着自己？"

科长："这是干吗？怎么突然这样？"

面对无缘无故冲自己发火的妻子，科长不禁沉下脸来。科长的表情更是让妻子觉得不快。

科长夫人："你知道为了孩子们我多节约吗？你平时哪照顾过孩子！"

科长："这些事情本来就是你们主妇该干的。"

"也不想想是谁养活你们的！"勉强忍住最后这句话的科长自觉已经做了退让，可妻子却更加气愤了。

科长夫人："你做了哪怕一件父亲该做的事情吗？"

（哪怕一件？）

科长火了，语气也随之强硬。

科长："给孩子洗澡，孩子踢球的时候负责接送的难道不是我吗？"

再正常不过的反驳却让妻子更加愤怒。

科长夫人："你不要太过分了！"

家中战火蔓延。

▲▲▲唇枪舌剑，谈判失败

科长非但没换成车还和妻子起了争执。事情为何发展成这样了呢？让我们来分析一下两人的对话吧。

科长："差不多能换部车了吧？"（建议式的温和主张）

科长夫人："换车？你怎么总是顾着自己？"（对科长的主张反应过激）

科长："这是干吗？怎么突然这样？"（对过激的言语做出反应）

科长夫人："你知道为了孩子们我多节约吗？你平时哪照顾过孩子！"（与换车无关的抱怨）

科长："这些事情，本来就是你们主妇该干的。"（情绪化地反驳妻子的抱怨）

科长夫人："你做了哪怕一件父亲该做的事情吗？"（遭到反驳后抱怨升级）

科长："给孩子洗澡，孩子踢球的时候负责接送的难道不是我吗？"（针对妻子"哪怕一件"的用词，为自己辩驳）

科长夫人："你不要太过分了！"（情绪失控，大声争执）

在争执中，买车的话题早已转化成了其他无关的抱怨。话题变了，双方却还在继续，这就导致了新问题的产生。通过冷静地分析我们不难看出，其实双方都没有什么恶意。

那么，当对方变得情绪化的时候，我们该如何应对呢？

科长："差不多能换部车了吧？"（建议式的温和主张）

科长夫人："换车？你怎么总是顾着自己？"（对科长的主张反应过激）

科长："没这回事。对你我一直都是充满感激的。"（暂且肯定一部分过激的言语）

科长夫人："你知道为了孩子们我多节约吗？你平时哪照顾过孩子！"（与换车无关的抱怨）

科长："我让你们受委屈了。咱们还是下次再找个时间好好谈吧。"（对妻子的抱怨不予反击）

科长夫人："你做了哪怕一件父亲该做的事情吗？"（情绪渐渐稳定，但还是忍不住抱怨）

科长："最近车子总出问题，有时候孩子踢足球都没法儿接送。还有，你母亲住院的时候打车不是也花了不少钱吗。为了家人着想也该换辆车了。"（指出换车的必要性、对方能得到的好处以及不换车可能带来什么坏处）

科长夫人："哪里来的闲钱换车啊？"（承认必要性，但仍担心是否有购买能力）

科长："你要是担心的话，我们可以换部二手车。把现在的车送去换，不够的那一部分分期付款用奖金来还，应该就不会有太大的负担了。"（提出新方案解除对方的不安）

这样的话，就吵不起来了。

要点是：即使对方变得情绪化，论点离题，也要肯定其部分观点。在不刺激对方的情况下回到原来交谈的主题上，承认对方的部分观点也是一种有效的手段。

不从自己的愿望出发提出换车的主张，而是向对方说明换车的必要性与换车给对方带来的好处。了解了换车的必要性之后，对方可能还有购买能力方面的顾虑，在这种情况下就要提出合理的支付方式与节约方案以消除对方的不安。使对方做出决定的关键并不在于指出换车的利处，而在于告知对方不换车可能带来哪些不便，而且最好能不经意地指出这些不便。

▼▼▼当对方感情用事时

一旦感情用事，平日能轻易解决的事情，也变得毫无头绪。想必大家也曾因为沟通不当而导致人际关系出现危机吧。希望以下几点能对大家有帮助。

1. 对方言辞激烈时不要应战。

被责备时，人们难免想辩解。可是辩解一旦开始就没完没了，离主题也越来越远了，因此被指责时请尽量忍住。也许做到这点有些困难，但只要冷静下来想"对方不过是在气头儿上而已"，就能做出理智的判断。

2. 配合对方的主张寻求突破。

此次列举的事例中，妻子虽然认同了换车的必要性，但对支付方式似乎还存有顾虑。这种情况下不论怎么强调换车的好处都于事无补。要让对方点头就必须对症下药，解决对方担心的问题。不光提倡自己的主张，还要关照到对方的看法。充分做好事前的准备与模拟工作，到时能够灵活应对而无需担心了。

3. 省去可能刺激对方的“接续词”。

“可是”“话虽如此”“不过”等刺激对方的多余的话是百害而无一利的。即使主张正确，这些接续词也会使对方感觉被否定了。不用这些危险的接续词，也不会对对话的含义造成影响。不仅是谈判，商业场合与个人生活中，省去这些多余的接续词会增加印象分。请大家从平日起就留心注意接续词的使用吧。

骑虎难下导致争执加剧的情况也时有发生，因此看准时机给对方一个台阶下也不失为一种方法。

冷静审视当下的状况，找出双方都满意的解决方案，掌握这种诀窍不仅能维持与亲友之间的关系，也能使职场的人际关系更加融洽。只要平日里多加留心与注意，谈判时就能得到良好的效果。

『不谈判的谈判术 3』

不论何时都得谈判吗？

不论什么场合的谈判，只要尝试就能得到好的结果。

但是，这其中也有不该谈判的时候。

▼▼▼特意选择“不谈判”

特意选择“不谈判”，这也是一种谈判技巧。谈判是为了找出令双方都满意的解决方案，因此在大多数情况下尝试“谈判”都是有意义的。但也有例外，有些场合并没有进行“谈判”的余地，而且不谈判还能节约大部分的时间与精力。这种情况下，“接受＝不谈判而直接接受对方的主张”便是最佳的解决方案。

案例 3　有时候谈判只是浪费时间

可能是最近太忙的缘故，一天，小隆意识到自己完全忘了要更换驾照这件事。

香织：“忘记更换了啊。貌似去驾校说一声就没问题了。”

好不容易买了新车，驾照却失效了。小隆赶忙给驾校打电话询问。

小隆："那个……我稀里糊涂地忘了更换驾照了。"

负责人："驾照过期了对吧？"

接电话的大叔，态度十分恶劣。

小隆："生日过后5个月了，能在您这儿补办吗？"

负责人："没问题。带上驾照，工作日上午八点半到下午两点之间过来一趟。"

小隆："那个……我听说推迟6个月就不能补办了。"

负责人："生日是什么时候？"

小隆："1月26日。"

负责人："没问题。抓紧时间过来吧。"

小隆终于松了口气。本来应该马上就去驾校办理手续的，可是工作日的时候总请不到假，一晃几周就这么过去了。

这天小隆终于去办更换手续了，他把驾照交给工作人员之后，工作人员冷冷地说道："啊，超过6个月了。先给你办一张临时驾照，再考一次吧。"

小隆："什么？不能补办了吗？"

工作人员："6个月以内的话，马上就能办，你这个已经超过6个月了。"

小隆："我本来担心会这样，可是你们的工作人员说没关系的。”

工作人员：“我不知道是谁告诉你的，可是过了 6 个月就不能补办，这是规定。这期间你在国外吗？”

小隆：“出国出差的话倒是有过。”

工作人员：“那就不行了。”

小隆：“就没有其他补救的方法了吗？”

由于是法律规定，尽管小隆与工作人员交涉了许久，对方最终也没做出任何让步。僵持过程中，焦躁与无力感也随之升级。待到小隆重新打起精神离开时，只感到疲惫不断向自己袭来。

▼▼▼认清愤怒的代价与憎恨的费用

遗憾的是，现实生活中的有些事情完全没有商榷的余地。此外，有些情况下，直接接受对方的要求反而比较好。如果不幸遭遇这种情况，与其花费大量的时间与精力，倒不如放弃谈判。人的一生当中需要完成的事情数不胜数，而时间却是有限的。与其纠结于无望的事情倒不如趁早放弃，把精力转移到其他更有意义的事情上。

说不出自己的真实想法，对对方言听计从当然不是好事。但是，完全不表达自己的见解与选择不表达自己见解的战略是不同的。

英国的剧作家汉娜・莫尔说过这样一句话：

“原谅能减少愤怒的代价、憎恨的费用与精力的损耗。”

尤其是在个人生活中，考虑到自己的心情以及与对方争执所花费的精力，在很多情况下还是原谅对方比较好。大多数人都想主张自己是正确的一方，有时甚至想指责对方的错误。这种时候，请大家想想“愤怒的代价”“憎恨的费用”与“精力的损耗”吧。宽容大度的你定能维系良好的人际关系。

『不谈判的谈判术 4』

求败能得到什么好处？

谈判中，将胜利拱手相让从而与对方建立良好关系的例子比比皆是。求败也是一种十分有效的技巧。

▼▼▼求败战略与付出、付出、付出

人面临谈判时自然会产生求胜心理。那些掌握了谈判技巧的人更是如此。首先要明确的是：为过去与将来着想，有时求败也是一种有效的战略。

谈判时不仅要关注要点，更应该综观全局争取与对方达成共识。例如：说服对方购买自己的商品，这种情况下要综合考虑“虽然给的价格比较低，但是要得很多”“虽然要货要得很急，但是结算得早”等各种条件，争取与对方形成共识。想要贯彻一部分主张就要在其他条件上做出退让。为了整体的利益而在一些问题上让步，扩展这一理念的就是“这次让你＝求败”的方法。

案例 4 有时求败也是一种战略

其他部门希望得到小隆的支援。

山田："不好意思，我们部门最近人手不足，今明两天能不能请你过来支援一下。"

（又来了，老是请求支援什么的，我们部门拜托他们的时候都说不行）忙于项目运营的小隆，最近已经拒绝了很多次类似的请求。虽说两天勉强能行，但这次也是时间比较紧迫的。（总是拒绝怕会把关系给搞僵了啊）

小隆："山田君提的，能抽出时间的话我一定帮。可是现在手头上在赶一份紧急的报价单……"

小隆一脸抱歉地说。

山田："我也和你处在一样的职位，当然了解你的难处。不过，能不能麻烦你再想想办法？明天一天也行！"

小隆："好吧。真是说不过山田君了。我明白了，一定全力协助你们。"

看着小隆的笑容，心情转好的山田也不禁露出笑脸。

▼▼▼求败的从容将你救出"情感陷阱"

山田感到高兴不仅仅是因为他达成了目标（小隆答应帮忙），也许他自己还没意识到，他高兴的另外一个重要原因在于成功说动对方帮忙使他得到了自我成就感与满足感。通过努力取得的成效显得更有价值，更让人高兴，这种感受想必大家都不陌生。

与客户、同事、家人、伙伴等长期往来的人打交道时，不光是取胜，偶尔输给对方也是十分重要的。这点，相信大家都很了解。这时，轻易退让是其中的一种方法，也可以尝试使用“被说服＝求败”这一技巧。

退让，有时候也试着求败。这种从容不迫的心态将你从谈判中常见的“情感陷阱”救出。

在此，向大家介绍几个谈判中需要格外注意的“情感陷阱”。

● 夸大了所有物的价值

例：

把车子送去回收时，觉得自己的车应该值更高的价钱。嫌对方开出的价格太低，最终车子还是没能转手。结果就是自己要同时维护两部车子，税收、停车费、车险等都增加了一倍。一段时间之后才意识到当初即使是免费也应该把车子送去回收的。

● 无法退出交易了

例：

在商场的收购上花费了大量时间。既不想白白浪费为此付出的金钱与精力，也不想输给竞争对手，这种心理使自己无法冷静地做出判断。最终花费巨资完成收购，却给企业带来了巨大的损失。

不知从何时起，谈判的目的成了“不管什么条件都要签约成功”，这种事例很多。为了防止这种失败，我们要先持有“让步＝求败”这张牌。出示这张牌，这种从容不迫的心态就能帮助自己逃出“情感陷阱”。

日常生活中，陷入“情感陷阱”的情况有很多。无意间说了不该说的话，无用的意气用事……防止出现这种情况最有效的办法就是“从容的心态”。那么“从容的心态”具体指什么呢？

▼▼▼付出、付出、付出，使一切顺利运转

从取得期待的结果与良好的人际关系的角度出发，作者想向大家推荐的是：“付出、付出、付出”的技巧。

付出才有回报——“give & take”，这句话想必大家都有所耳闻。“付出、付出、付出”指的是不期待回报，在可以的范围内不断为对方让步的方法。

在时间允许的情况下为对方做自己擅长的事，能教给对方的东西要倾囊相授，能够提供帮助的时候要伸出援手……总之，在能力范围内，只要有机会就不断为对方付出。有些人受“返报性”心理的影响以友好作为回报，从而促使谈判朝有利的方向发展。这么做最大的利处就是能形成“从容的心态”。

后辈：“小隆前辈，前几天送到 A 商场的商品，包装盒上

有污渍，对方让我们换……”

小隆：“这样啊，箱子出现质量问题，有库存吗？”

后辈：“应该还剩下一些。”

小隆：“其实也可以把责任推到送货商那边，让他们过去取货的……不过为了维持良好的合作关系，还是早点过去道歉换货比较好。今天刚好比较空闲，我和你一起过去吧。”

后辈：“真的吗？谢谢前辈！”

小隆不仅掌握了谈判技巧，而且通过“付出、付出、付出”保持了心态的从容，和从前相比，显得更有担当了。

学习谈判的技巧与心理，并且将其运用到实践当中，使人意识到：人是一种很容易被情绪左右的动物。有不少人跌入情感陷阱迷失方向。不仅是为了周围的人，更为了不让自己留下遗憾，我们都要让心中常有“让步＝求败”牌与“付出、付出、付出”牌。

第 7 章　总结

1. 劝对方改变的谈判技巧。

□不分青红皂白地要求对方改变只有反效果。

□肯定对方的行为，着重说明希望改变的理由。

2. 当对方情绪激动时，如何应对。

□暂且肯定一部分离题的论点。

□除了自己的需要，也要列出对方可能得到的好处。

□注意一下三点：不计较对方赌气的言辞、根据对方的主张寻找突破口、省去接续词。

3. 不谈判的好处。

□接受无法改变的事实，节约时间与精力。

4.“求败”的成效。

□偶尔让对方取胜有利于人际关系的和谐。

□避开“情感陷阱”，求败使心态变得从容。

后记

成为受尊重的人

人微言轻者，即使提出再好的意见与建议，也不会被采纳。这叫作“方法的遗失。”

不光是当事人感到遗憾，周围的人看到这种情况也会变得不再积极。看到他人的见解得不到公正的评价，自己也会失去动力。方法的遗失是企业的损失，更是整个社会的损失。

但是，批判并不能改变现实。我的想法是要“成为受尊重的人”。基于这一想法，我在先前出版的《恶女的工作术》与本书当中，都介绍了一些可能会被视为小聪明的技巧。

有些人可能觉得小小的改动不见得能起什么作用。但在我的主业，也就是网络世界中，表达方式上的微小调整引起结果的改变，这样的例子确实很多。通过制定策略、调整表达方式与解析网络接入来检验成果。我的工作使我深深地感受到语言的选择带来结果的不同。主页文字的细微改动，有时导致点击率大大降低，有时又使销售额增长十倍以上，这都是常见的实例。暂且不论好与不好，表达方式的细微变化的确能改变人们的判断。

或许有些读者对本书中介绍的一些技巧有抵触情绪。务必请这部分读者朋友们想想“方法的遗失”。使用谈判技巧取得成效，不仅对自己，对公司、对国家都是有利的。实现自我的幸福的同时也间接地实现了他人的幸福。总是优先为他人考虑的读者朋友，如果本书中的一些小技巧能对你有所帮助，我将备感荣幸。

受篇幅所限，未能与大家分享的谈判技巧与事例在作者的主页上均有记载①。面向本书读者特设了“书中未收入的第32条交涉术～黑编”“1分钟测验你的谈判能力”等内容，希望大家有时间的时候能到主页来逛逛。

最后，引导我进入谈判领域的野村留里子老师，感谢您。没有您，我不会这样热爱谈判。一直以来给了我许多热心建议的伊藤伸一部长、胜野井好教顾问，感谢二位，没有二位的指导就没有现在的我。在本书的出版事宜上，土井英司、加藤贵

① http://www.110upweb.com/kousyou

惠、土江英明给了我很大的帮助，谢谢你们。帮我打理公司事务的大须贺进、厚母真由美、久马惠子，我能像现在这样自由地进行写作与企业培训工作，都是三位的功劳。石田哲、保坂泰全，在事务所我给你们添了很多麻烦，谢谢你们总是用宽容的心包容我。Brush Up 俱乐部的每一位成员，是你们使我保持了积极前进的心态。与大家一起学习，总能激励我不断努力，谢谢大家。最后，请允许我用感谢作为这本书的完结。